Josef Epp

Mich schützen und stärken

JOSEF EPP

Mich schützen und stärken

Resilienz im Alltag

Anregungen und Übungen

Patmos Verlag

VERLAGSGRUPPE PATMOS

PATMOS
ESCHBACH
GRÜNEWALD
THORBECKE
SCHWABEN
VER SACRUM

Die Verlagsgruppe
mit Sinn für das Leben

MIX
Papier | Fördert gute Waldnutzung
FSC® C083411

Die Verlagsgruppe Patmos ist sich ihrer Verantwortung gegenüber unserer Umwelt bewusst. Wir folgen dem Prinzip der Nachhaltigkeit und streben den Einklang von wirtschaftlicher Entwicklung, sozialer Sicherheit und Erhaltung unserer natürlichen Lebensgrundlagen an. Näheres zur Nachhaltigkeitsstrategie der Verlagsgruppe Patmos auf unserer Website www.verlagsgruppe-patmos.de/nachhaltig-gut-leben
Übereinstimmend mit der EU-Verordnung zur allgemeinen Produktsicherheit (GPSR) stellen wir sicher, dass unsere Produkte die Sicherheitsstandards erfüllen. Näheres dazu auf unserer Website www.verlagsgruppe-patmos.de/produktsicherheit.
Bei Fragen zur Produktsicherheit wenden Sie sich bitte an produktsicherheit@verlagsgruppe-patmos.de

3. Auflage 2026

Verlagsgruppe Patmos in der Schwabenverlag AG, Senefelderstr. 12, 73760 Ostfildern
www.patmos.de

Umschlaggestaltung: Finken & Bumiller, Stuttgart
Umschlagabbildung: © Galina Chet / shutterstock.com
Satz: Schwabenverlag AG, Ostfildern
Druck: CPI books GmbH, Leck
Hergestellt in Deutschland
ISBN 978-3-8436-1211-1

Inhalt

Anstelle eines Vorwortes

Die Stunde mit dir selbst

Mit schwarzen flügeln flog davon die rote vogelbeere,
der blätter tage sind gezählt
Die menschheit mailt
Du suchst das wort, von dem du mehr nicht weißt,
als daß es fehlt
REINER KUNZE

Überfluss und ein beständiges Zuviel auf der einen Seite. Mangel und immer wieder ein Zuwenig auf der anderen. Wir haben so viel und uns fehlt so viel.

Die Begegnung mit uns selbst soll ermutigen, befreien und erfüllen. Gesundheit, Glück und Wohlbefinden sind zerbrechlich und bedürfen unserer Aufmerksamkeit.

Als endliche Geschöpfe kennen wir die Sehnsucht nach dem, was fehlt. Als bewusst handelnde Menschen können wir nach Wegen suchen, dies zu ändern.

Der Alltag ist der Ort der vielen kleinen Schritte, uns die Wertschätzung zu schenken, die dem großen Geschenk des Lebens würdig ist.

Josef Epp

Einleitung

Heute noch kann jede*r beginnen, schützend und stärkend in seine Lebensabläufe einzugreifen. Dieses Buch will genau dazu ermutigen.

Das Eingangskapitel ruft grundlegende Lebensressourcen ins Bewusstsein. Es spricht von dem, was im Grunde jedem selbstverständlich erscheint und was doch so oft unbeachtet bleibt. So richtet sich der Blick auf Quellen, die uns allen zugänglich sind. Das Folgekapitel will auf verschiedene Gefährdungen dieser Ressourcen aufmerksam machen. Ein »Klimawandel« in vielen Lebenswirklichkeiten kann auch zu Belastungen und Krisen führen, die es wahrzunehmen gilt.

Die weiteren Kapitel greifen dann alltagsbezogene Handlungsfelder auf, in denen wir gestaltend aktiv werden können. Die mitmenschlichen Beziehungen, der Umgang mit Zeit und Lebensrhythmus und die Beachtung der Sinne stehen dabei im Fokus.

Die gedankliche und mentale Ausrichtung, die uns leitet und die Bedeutung einer geistig-spirituellen Verwurzelung und Grundorientierung werden als weitere Ansatzpunkte einer gestärkten seelischen Widerstandskraft bedacht.

Verschiedene Fachgespräche mit Vertretern aus Wissenschaft, Medizin und Kultur eröffnen den Blick auf eine wissenschaftliche Fundierung der ausgeführten Ansatzpunkte. Sie dienen einer vertieften Reflexion aus unterschiedlichen Perspektiven. Die Zusammenfassungen der ausführlichen Gespräche wurden von den Gesprächspartnern autorisiert.

Die einzelnen Kapitel schließen mit praktischen Anregungen und Übungsteilen. Diese verstehen sich nicht als Trainingsprogramm und Rezepte, sondern als Impulse und

Inspirationen. Sie sollen dazu anregen, im Alltag Möglichkeiten zu entdecken, die tatsächlich schützend und stärkend wirken können. Und das, ohne schon wieder Anforderungen aufzubauen. Heute noch kann jede*r beginnen, etwas Gutes für sich zu tun.

Auf das Leben!

Das Leben ist schön! Ich hoffe, die meisten Leser*innen können diese Aussage sofort bejahen und die anderen nach kurzem Nachdenken. Nicht immer und nicht immer in gleichem Maße, aber: Das Leben in seiner Vielfalt ist schön. Mit so vielen Eindrücken und Begegnungen, Möglichkeiten und Erfahrungen.

Beginnen wir dieses Buch doch gleich mit einer kleinen Übung als Unterbrechung:

Eine erste Übung

Schließen Sie die Augen.
Versuchen Sie, ganz entspannt zu sitzen und lassen Sie Ihren Atem ruhig kommen und gehen.
Rufen Sie Bilder oder Begebenheiten aus Ihrem Gedächtnis auf, wo Sie der Aussage gut zustimmen können: Das Leben ist schön.
Lassen Sie sich ruhig etwas Zeit, das können Sie selbst bestimmen ...

Könnten wir uns nun austauschen, wäre es ein buntes Kaleidoskop. So viele Erfahrungen und Bilder, Erlebnisse und Situationen, Begegnungen und Eindrücke. Die Schönheit des Lebens erstrahlt bunt in vielfältigem Licht. Innige menschliche Begegnungen sind mit Sicherheit genauso dabei wie eindrucksvolle Naturerlebnisse, Erfolge im Beruf und einprägsame Reisen. Der Zusammenhalt in der Familie und kulturelle Impressionen. Talente bei sich und anderen, eine überstandene Krankheit. Es kann so vieles sein.

Das Leben ist schön und es ist ungewiss und verletzlich. Bei allen Versuchen, es in den Griff zu bekommen, es gelingt uns nie ganz. Das Unberechenbare, die Überraschung gehört zum Leben. Manchmal ist das beglückend. Aber durchaus auch schicksalhaft und belastend. Manchmal ist das Leben verrückt und unbegreiflich. Das Leben kann so wundervoll sein, aber es gibt kein allgemeingültiges Rezept fürs Gelingen. Gerade deshalb sollten wir besonders wach und achtsam auf jene Bereiche blicken, in denen wir handeln können und auf die wir Einfluss haben.

Manchmal leidet die Schönheit des Lebens unter den Folgen eigenen Handelns und persönlicher Unachtsamkeit. Eine stete Überbeanspruchung der eigenen Kräfte, zuweilen als Raubbau und Selbstausbeutung zu bezeichnen, gefährdet die Gesundheit. Die Qualität der Beziehungen und das Gefühl eines erfüllten Lebens werden beeinträchtigt. Mangelnde Rücksicht auf die nahe Umgebung oder ein riskanter Lebensstil können sich in Trennungen, wirtschaftlichen Abstürzen oder seelischen Krisen auswirken. Im Nachdenken wird dann oft bewusst, dass ein schleichender Prozess stattgefunden hat. Schon längst hätten wir erkennen können, was unser schönes Leben in eine tiefe Krise gestürzt hat.

Trotzdem: Das Leben ist schön. Aber es ist kein Selbstläufer. Neben aller Ungewissheit ist unsere Aufmerksamkeit gefordert. Nötig ist der wache Blick, die bewusste Wahrnehmung, dass unser Leben in seiner ganzen Bandbreite viele Möglichkeiten eröffnet. Doch es schöpft auch stets aus Kraftquellen, die nicht in Vergessenheit geraten dürfen. Das Leben ist großartig und seine Ressourcen sind es auch. Alles Großartige ist uns anvertraut. Der bewusste Blick auf tief gegründete Quellen ist notwendig.

Die vorgegebenen und natürlichen Ressourcen

Wir leben! Diese banale Feststellung beinhaltet Selbstverständlichkeit und Erfahrung. Von Anfang an unterliegt unser Leben vielfältigen Einflüssen. Erfahrungen, Umwelt und Beziehungen prägen uns. Zugleich unterliegt Leben von Anfang an den Gesetzen der Natur. Zellen teilen sich, Stoffwechsel ereignet sich, Reifung geschieht. Triebe und Bedürfnisse steuern uns, Gene verursachen biologische Festlegungen. So schöpfen wir schon immer aus natürlichen Ressourcen.

Von besonderer Bedeutung ist dabei die Nahrung, die Aufnahme der lebensnotwendigen Bausteine für die Körperfunktion, die uns Kraft und Gesundheit schenken. Eiweiß und Vitamine, Fette und Kohlenhydrate, Ballaststoffe und ausreichende Flüssigkeit – wir wissen um die Bedeutung der Ernährung, obwohl wir vielleicht leichtsinnig damit umgehen.

Licht ist ebenso eine der natürlichen Lebensgrundlagen, eine wichtige Voraussetzung für biologische Vorgänge. Blaulicht aktiviert das Gehirn, Rotlicht lässt Ruhehormone entfalten. Dunkelheit ermöglicht Ruhe.

Als natürliche Ausrichtung ist in uns ein komplexes Nervensystem angelegt. Es findet in den Hochleistungen unseres Cortex-Gehirns seinen Höhepunkt. Aber auch ganz grundlegende biologische Funktionen wie die Atmung, der Herzrhythmus oder der Stoffwechsel werden vom Nervensystem gesteuert. Das vegetative Nervensystem, das Wechselspiel von sympathischem und parasympathischem Nervensystem, begründet die Notwendigkeit von Anspannung und Anstrengung auf der einen Seite, Ruhe und Entspannung auf der anderen. Beides ist für unsere Entwicklung und für die Gesundheit wichtig. Herausforderungen aktivieren uns, lassen neue Gehirnstrukturen entstehen und machen uns lebenstüchtig. Phasen der Ruhe und Entspannung ermöglichen Verarbeitung und gewähren dem Körper Regeneration.

Als Menschen dieser Welt bewegen wir uns in den Voraussetzungen von Ort und Zeit. Wir können immer nur an einem Ort sein. So ist der Lebensraum, in dem wir uns bewegen, eine entscheidende und prägende Wirklichkeit. Wir kennen die Unseligkeit mancher Orte und wir erfahren, wie heilsam und kraftspendend Lebensorte sein können. Dasselbe gilt für die Zeit, die uns vorgegeben ist und der wir nicht entkommen können. Doch jede und jeder erfährt, dass es gute und schwierige, hilfreiche und entsetzliche Zeiten gibt. Doch genauso real sind Augenblicke voller Freude und Glück.

Die Natur unseres Menschseins gibt uns Wirklichkeiten vor, ohne die wir nicht leben können. Zugleich wird uns aber auch deutlich, dass wir mit unseren Gestaltungsmöglichkeiten Einfluss auf diese Wirklichkeiten nehmen können. Dadurch können wir unser Leben stärken und unterstützen, aber auch gefährden und schwächen.

Die Ressource Energie und Motivation

Als kleinster Baustein von Leben unterscheidet sich die Zelle durch ihren Stoffwechsel von der toten Materie. Das heißt, dass sie Energie aufnehmen und sich dadurch verändern und reproduzieren kann. Energie ist daher eine ursprüngliche Ressource von Leben, in viele komplexe Prozesse entfaltet. Wir nehmen Impulse wie Licht, Nahrung, Wärme, Strahlung, Berührung auf und setzen diese in Kraft, Aktivität, Wachstum, Leistung etc. um.

Als lebendige Wesen sind wir in der Lage, unser Dasein zu gestalten. Wir beschaffen Nahrung, sorgen uns um

Schutz und sichere Lebensbedingungen. Wir bauen Beziehungen auf und erbringen mit Körper und Geist Leistungen. Vom Verbrauch der Energie werden wir müde und hungrig, erschöpft und schwach. Doch wir kennen viele Formen der Regeneration und Energieaufnahme. Nach gutem Schlaf fühlen wir uns »wie neugeboren«. Nach einer kräftigen Mahlzeit könnten wir »Bäume ausreißen«. Nach erholsamen Tagen gehen wir die Arbeit mit erneuerter Kraft an.

In großen geistigen und religiösen Strömungen der Menschheitsgeschichte wird die Lebensenergie als etwas Großes mit Geschenkcharakter verstanden. Menschen deuten sie nicht nur als Produkt eigenen Kraftaufwandes, sondern als eine Gabe aus größerem Zusammenhang. Lebensenergie gewinnt dadurch eine spirituelle Dimension.

Im Daoismus gibt es das Verständnis vom Qi als grundlegender Lebensenergie, das im asiatischen Bewusstsein eine große Rolle spielt. In der indischen Philosophie begegnet uns der Begriff vom Atman. Darunter wird ein geistiger Lebenshauch als Antriebskraft allen Lebens verstanden. Die biblische Tradition vermittelt das Narrativ vom Lebensatem Gottes. Er wird dem Menschen eingehaucht und belebt ihn. Auch der Islam sieht alle Lebenskraft aus einem göttlichen Ursprung erwachsen.

So wird Lebensenergie nicht nur als chemischer Prozess verstanden, sondern als wirksame Kraft, die in der ganzen Breite des Lebens erfahrbar wird. Die Ressource der Energie betrifft Muskelkraft und Stoffwechsel im Körper, Ausdauer und Konzentration. Sie bezieht sich auch auf Durchhaltevermögen und Konsequenz, Widerstandsfähigkeit und Kreativität.

In unseren Lebensvollzügen erfahren wir Energie in der Gestalt von Motivation. Wir interessieren uns für verschiedene Dinge wie Natur, Musik oder Technik. Wir wollen etwas tun und haben Lust zu einer Aktivität, die unserem Interesse entspricht. Wir empfinden den Antrieb, etwas zu verändern. Wir wollen uns etwas aneignen, etwas planen, etwas schaffen. Wir begeistern uns für ein Hobby, engagieren uns für eine gute Sache. Zuverlässig erfüllen wir gestellte Aufgaben. Etwas bewegt uns.

Wir wissen aus der Lernforschung, wie zentral die Motivation für entscheidende Lernprozesse ist. Starke Antriebskräfte zur Bewältigung auch schwieriger Aufgaben können daraus erwachsen. Wir beobachten, wie mangelnde Motivation lähmt und Potenziale ungenutzt lässt. Uns ist bekannt, dass es eine problematische Motivation (z. B. überzogenen Ehrgeiz oder Geltungssucht) gibt, die einem selbst und anderen auch schweren Schaden zufügen kann.

Ein sorgfältiger, achtsamer und immer wieder reflektierender Umgang mit den eigenen Lebensenergien und Motivationen gehört zu den wichtigen Maßnahmen des persönlichen Klimaschutzes.

Die Ressource Lebensbejahung und Lebensfreude

Der Lebensalltag erfährt sein Auf und Ab. Mühen und Strapazen gehören dazu, ebenso Vergnügen und Feiern. Wir erleben Verluste und Schmerzen und ebenso neue Erfahrungen und Wohlergehen. Schwierige Etappen können wir bewältigen, zum einen wegen der genannten Energie, doch es kommt eine wichtige Grundeinstellung hinzu: Das Ja zum Leben.

Lebensbejahung ist uns von Geburt an mitgegeben, der Wille zum Leben ist stark. Menschen wenden sich nach schweren Krisen schnell wieder der positiven Erfahrung zu. Doch diese positive Kraft kann auch erschöpft sein. Es gibt den Punkt, an dem ein Mensch »nicht mehr kann«.

Lebensbejahung als wichtige Ressource speist sich ganz entscheidend aus der Lebensfreude. Wie soll ein Leben bejaht werden, das nur als Jammertal, Plage und mühsamer Kampf verstanden wird?

Der Zauber der Natur vermag uns immer wieder zum Staunen und zur Freude an vielfachen Eindrücken zu führen. Herzliche Begegnungen und liebenswerte Menschen lösen Glücksgefühle und Dankbarkeit aus. Erfolge und Anerkennung tun unheimlich gut. Die Erfahrung körperlichen Wohlbefindens versetzt uns in einen frohen Gefühlszustand. Die Kunst des Genießens – auch und gerade in schwierigen Situationen – vermag unseren Blick auf das Leben neu zu inspirieren und zu beleben.

Natürlich gibt es die Erfahrung derer, die verzweifeln und die nicht mehr die Kraft zum Weiterleben haben. Manchmal versinken Empfindungen in tiefer Trauer. Dies kann nicht weggelächelt werden. Es wird deutlich, dass Ressourcen begrenzt und verletzlich sind.

Die Kraft dieser Ressource wird für uns aber auch sichtbar, wenn wir Menschen begegnen, die sich von schweren Schicksalsschlägen nicht unterkriegen lassen. Manchen bleibt unermessliches Leid nicht erspart. Trotzdem sagen sie Ja zum Leben, können sie lachen und Freude empfinden. Menschen erleiden bittere Niederlagen und stehen wieder auf. Ihnen wird Kostbares und Liebgewonnenes genommen, aber sie lassen sich die Freude am Leben nicht nehmen. In der Begegnung mit anderen Kulturen staunen Menschen aus dem reichen Europa immer wieder, mit welcher Heiterkeit die Ärmsten der Welt Feste feiern können und Gemeinschaftserlebnisse von tiefer Freude ermöglichen.

Lebensbejahung und Lebensfreude stärken Menschen. Sie lassen den Kampf mit schweren Krankheiten aufnehmen und richten in Krisen auf. Sie schenken Zuversicht, Gelassenheit, Humor und Lebensmut. Und sie haben die Eigenart, dass sie manchmal schon verloren scheinen und sich in ganz unterschiedlicher Weise neu zeigen.

Die Ressource Bindung und Beziehung

Von der Zeugung an leben wir in enger Beziehung, durch die Nabelschnur in buchstäblicher Bindung. Unser ganzes Leben lang bleibt das so. Wir schöpfen Kraft aus Bindung und Beziehung und sind auf sie ausgerichtet. Es ist heute in der Wissenschaft unbestritten, dass sichere Bindungserfahrungen eine bedeutsame Ressource für das menschliche Leben sind. Gleichermaßen wissen wir, dass mangelnde Bindung und Isolation belastende und auch traumatisierende Folgen für eine Person haben können.

Schon in den ersten Lebensmonaten richten wir uns ganz auf unsere Bezugspersonen aus. Wir lernen von ihnen und ahmen sie nach. Wir erfahren von ihnen Zuwendung und emotionale Reaktion. Unsere Gefühle und Erfahrungen beeinflusst dies entscheidend. Solche intensiven Bindungserfahrungen umfassen Leib und Seele. Die Stimme der Bezugspersonen ihre Mimik und Körpersprache, ihre Wärme und Handeln fließen in die Interaktion ein. Berührungen können uns verletzen und beruhigen, streicheln schafft Sicherheit und Geborgenheit. Erfahrung begleitet den Lebensweg. Sie gilt für Säuglinge, verliebte Jugendliche, für Paare, pflegebedürftige Personen und auch Sterbende. Die Hand, die einen in einer schwierigen Situation hält, übt große Kraft aus. Die Umarmung, die von Herzen kommt, lässt wieder Zuversicht schöpfen. Die ungezwungene und spontane Berührung kann aufmuntern und Lebenskraft schenken. Voraussetzung ist es, dass dies stets in freier und unaufdringlicher Art und Weise geschieht.

Wenn wir wissen, dass wir uns auf bestimmte Menschen verlassen können, finden wir Boden unter den Füßen. Wenn wir uns sicher sind, dass wir in großen Belastungen nicht allein sind, wächst in uns das Gefühl von Sicherheit. Wenn wir verstanden werden und verstehen können, schenkt uns diese Verbundenheit starke Kräfte.

Ein Gedicht von Rose Ausländer (1901–1988) bringt diese Wirklichkeit unseres Lebens schlicht und treffend auf den Punkt:

Wort an Wort

Wir wohnen
Wort an Wort
Sag mir
dein liebstes
Freund
meines heißt
Du

Beziehung und Bindung gehören zur Natur des Menschen, zu seiner DNA. Sie werden in vielen Lebenssituationen als großes Geschenk und tragendes Fundament erfahren. Sie sind Teil der tiefen Kraftquellen, aus denen wir lebenslang schöpfen.

Die Ressource Selbstbild und Selbstwert

In Vorträgen und im Unterricht verwende ich gerne eine Fotomontage, in der eine Katze in einen Spiegel blickt und aus diesem schaut ein Löwe der Katze entgegen. Das Foto wirft einen augenzwinkernden Blick auf die ernsthafte Frage des

Selbstbildes. Manche Menschen kommen sich ungeheuer stark, wichtig und bedeutend vor. Sie machen viel mehr aus sich als der Wirklichkeit entspricht.

Doch das Foto müsste es auch umgekehrt geben. Viele Menschen fühlen sich schwach und unbedeutend, können ihre Kräfte nicht wahrnehmen. Sie leiden unter permanenten Selbstzweifeln und einem gekränkten Selbstwertgefühl. Vielerlei Erfahrungen können dazu führen. Selbstbild und das Selbstwertgefühl haben großen Einfluss auf unsere Grundeinstellung zum Leben. Sie bestimmen ganz wesentlich unser Denken und Handeln, unseren Umgang mit Herausforderungen und unsere innere Grundstimmung.

Im Ringen um das Selbstbild sind wir lebenslang unterwegs. Immer wieder machen wir neue Erfahrungen, die uns erstaunen, weil wir etwas ganz neu und verändert an uns wahrnehmen. In schwierigen Herausforderungen entdecken wir ungewohnte Kräfte und Seiten an uns. Manchmal kann uns ein Ereignis so verunsichern und ängstigen, dass wir uns über uns selbst wundern. Niemals kennen wir uns in- und auswendig. Immer bleiben wir uns selbst auch ein Geheimnis.

Doch es ist wichtig, auf dem Weg zu sich selbst zu bleiben. Menschen, die sich ständig überschätzen, die sich selbst immer als Löwe sehen, gehen oft über ihre Kräfte hinaus. Sie muten sich zu viel zu und stürzen in tiefe Krisen, wenn sie sich übernommen haben. Menschen, die sich zu klein und schwächlich sehen, trauen sich dementsprechend wenig zu. Sie bleiben immer wieder hinter ihren Möglichkeiten zurück und finden ihre Eigenart und Individualität nicht. Das lähmt oft die vorhandenen Kräfte und verstärkt die Selbstzweifel.

Übersteigertes oder viel zu geringes Selbstwertempfinden – wir schöpfen in unserer Lebensgestaltung immer aus unserem Selbstbild. Wir lassen uns davon steuern und in vielen Situationen unser Verhalten beeinflussen. Der Blick in den Spiegel kann eine narzisstische Selbstbezogenheit sein. Im Grunde sollte er uns immer wieder ein Stück darauf hinführen, uns selbst zu begegnen. Wir dürfen unsere Möglichkeiten und Grenzen, unsere Kräfte und unsere Schwachpunkte ehrlich betrachten und bejahen. Dann gehen wir realistisch mit unseren Kräften um.

Die Ressource Spiritualität

Die genannten Ressourcen machen schon deutlich, dass neben den elementaren biologischen Kraftquellen wie der Nahrungsaufnahme, der Bewegung, dem Schlaf auch wichtige soziale und individuelle Verwurzelungen bedeutsam sind. »Der Mensch lebt nicht vom Brot allein.« Dieser Satz aus dem Neuen Testament bewahrheitet sich in vielen Lebenssituationen. Er macht darauf aufmerksam, dass geistige Grundhaltungen für die Lebensführung und -bewältigung von Menschen wesentlich sind.

Wenn Spiritualität nicht vorschnell in einer festgelegten religiösen Art und Weise beschrieben wird, kann man sagen, dass jeder Mensch »spirituell« ist. Jeder Mensch lebt aus einem Geist, der sein Leben formt. Auf ihm gründen Motive, seien dies Mitmenschlichkeit oder Egozentrik, Engagement oder Passivität, Ehrgeiz oder Gleichgültigkeit, Machtstreben oder Fürsorge. Es liegt im Wesen solch geistiger Orientierungen, dass sie sich im Laufe des Lebens wandeln. Immer wieder werden sie durch neue Erfahrungen korrigiert und erweitert.

Spiritualität ist vielfältig erfahrbar und zeigt sich nicht eindeutig als klar definierte Geisteshaltung. Sie begegnet uns in Gestalt von Leidenschaft für eine »Sache«. Sie zeigt sich als Durchhaltevermögen auf Durststrecken oder auch als Widerständigkeit gegen bestimmte Entwicklungen. Spiritualität erschließt sich in ihrem Kern durch Reflexion und Rückfrage nach grundlegenden Motiven.

Vielen Menschen wird im Laufe ihres Lebens bewusst, dass für sie wichtige Verankerungen und Orientierungen über ihre individuelle Erfahrung und den Augenblick hinausgehen. Wir erfahren uns eingebunden in Größeres und Umfassenderes. Wir finden in Wurzeln Halt, die das eigene Vermögen übersteigen. Wir bauen auf Grundlagen auf, in denen generationsübergreifende Menschheitserfahrungen liegen. Über alle Zeiten und Kulturen hinweg öffnen sich Menschen in großer Vielfalt für spirituelle Quellen.

Spiritualität inspiriert Menschen, im Angesicht ihrer Freiheit einen Orientierungsrahmen zu finden. Auf diesen verlassen sie sich in der Lebensgestaltung. Sie finden Fundamente, auf die sie bauen. Spiritualität öffnet Menschen für ein Übersteigen der momentanen Sichtweise. Sie veranlasst zu einer geweiteten Sicht wichtiger Lebensfragen in größeren Zusammenhängen. Sie vermittelt Menschen auch über die augenblickliche Realität hinaus eine Perspektive des Halts und der Geborgenheit.

Spiritualität war und ist eine Quelle der Kunst und des kreativen Schaffens. Sie ist Ausdruck der menschlichen Suche nach Sinn und Erfüllung. In allen Kulturen ermöglicht sie Bezugspunkte für eine Verständigung von Menschen auf gemeinsame Werte und Lebensorientierung. Sie gab und gibt Menschen die Kraft, schwierige Lebenssituationen zu bewältigen und Krisen zu überwinden. Sie begründet ein Leben aus Grundüberzeugungen, auch wenn es gegen den Strom der Zeit geschieht. Spiritualität kann missbraucht und zum Machtinstrument deformiert werden. Sie kann sich zum Mittel von Manipulation und lebensfeindlicher

Einengung entwickeln. In ihrem Kern ist sie aber Ausdruck des nicht zu unterdrückenden Grundbedürfnisses des Menschen nach Sinn.

»Klimawandel« und »Klimakrisen« im Alltag

No risk – no fun?

Der Klimawandel ist in aller Munde und hoffentlich immer mehr auch im Handeln der Menschen erkennbar. Die Art, mit den Ressourcen der Erde umzugehen, hat eine gefährliche Situation heraufbeschworen. Der gigantische Verbrauch an Rohstoffen der Natur, der Ausstoß klimaschädlicher Gase, der riesige Energiehunger und die Folgen seiner Befriedigung, die Auswirkungen technischer Entwicklungen auf die Schöpfung und vieles mehr, haben zu einer dramatischen Situation in der Menschheitsgeschichte geführt.

Die Erderwärmung bedroht ganze Völker. Die schwindenden Schutzmechanismen der Atmosphäre haben unverkennbare Auswirkungen auf Vegetation und Gesundheit. Lebenswichtige Ressourcen wie Wasser und fruchtbare Erde verknappen. Große Völkerbewegungen sind teilweise auch deswegen in Gang gekommen, weil Regionen nicht mehr bewohnbar sind. Gewachsene soziale Strukturen zerbrechen. Der Gegensatz von notwendigem Engagement für die Schöpfung und verbreiteter Profitgier scheint immer größer zu werden. »Fünf vor zwölf« – das wäre eine unhaltbare Verharmlosung der Lage.

Dennoch – all diese bedrängenden Fragen sind hier nicht unser Thema und haben doch damit zu tun. Denn nicht nur das globale Klima macht Sorgen. Auch das Mikroklima hat sich bei den Menschen unserer Zeiten nachhaltig verändert. Die kleingliedrige Welt der Menschen in ihrer Mühe um Daseinsvorsorge und Wohlbefinden, in ihrem Bedürfnis nach sozialer Bindung und Freizeit unterliegt rasanten Veränderungen. Das ist nicht neu, denn keine Lebenswirklichkeit konnte jemals konserviert werden. Aber die Geschwindigkeit und der Umfang der Veränderungen tragen einmalige Züge.

Energieverbrauch und Mobilität haben sich in nie gekanntem Tempo erhöht und die Folgen blieben nicht aus. Die Emissionen verursachen Auswirkungen von dramatischem Umfang. In der individuellen Lebenswelt spiegeln sich diese großen Veränderungen. Viele von uns sind mehr unterwegs denn je, zu Land, in der Luft und zur See. Die verfügbare Energie führte zu einem Unterhaltungsequipment, das keinen Wunsch offenlässt. Die Digitalisierung ermöglicht ein Ausmaß und eine Geschwindigkeit an Kommunikation und Information, die noch vor einer Generation undenkbar waren. Die Fülle käuflicher Angebote (auf der nördlichen Halbkugel unserer Erde) und die Verfügbarkeit monetärer Ressourcen führte zu einem Konsumverhalten, das nicht selten mit einer Orgie verglichen wird.

Das ist die private Seite, die sich signifikant auf unsere Lebensführung, auf Leib und Seele auswirkt. Der berufliche Bereich hinkt da keineswegs hinterher. Das Schlagwort von der Arbeitswelt 4.0 spricht von einer Revolution im Arbeitsleben. Form, Inhalt, Dichte und Geschwindigkeit verändern sich rasant. Vieles ist leichter und fast alles ist anders geworden. Manches, was einst richtige Muskelkräfte gefordert hat, erfolgt heute auf Mausklick. Was früher tagelang auf dem Weg war, findet durch Glasfasern in Sekunden sein Ziel. Ob Wohnzimmer oder ICE, Strand oder Straßencafé – jeder Ort kann zum Arbeitsplatz werden.

Das »Klima« in den Lebenswelten ist buchstäblich radikal – von der Wurzel ausgehend – verändert worden. Das gilt in der häuslichen Küche wie im »Thinktank« einer Firma. Das erfahren wir in der Nutzung von Kommunikationsmitteln oder bei der Organisation effektiver Arbeitsabläufe. Ob in Ingenieurbüros oder am Tresen des Hausarztes, ob Freizeitverhalten von Schülern oder Lebensgewohnheiten von Senioren – der persönliche »Klimawandel« ist allgegenwärtig.

Neben allem Genuss moderner Entwicklungen und dem beherzten Zugriff auf viele verlockende Angebote haben auch diese Veränderungen ihre »Emissionen«. Es werden Folgen spürbar, die nicht nur frohlocken lassen. Es ist keineswegs hilfreich, nur warnende Finger zu erheben und die Sorgenfalte zum vorrangigen Gesichtsausdruck zu machen.

Veränderungen gehören zum Leben. Ihnen gegenüber gab es schon immer Anpassungsprobleme, Begeisterung und Skepsis. Nein, früher war nicht alles besser und nicht alle Veränderungen sollen schlecht geredet werden. Allein die Tatsache, dass sich die Lebenserwartung der Menschen kontinuierlich erhöht hat, lässt es nicht zu, herausfordernde Veränderungen übertrieben unter negative Vorzeichen zu setzen.

Andererseits war es zu keiner Zeit gut, nur von Chancen zu reden und Risiken zu verdrängen. Den Blickwinkel so einzuengen, dass nur eine Perspektive erkannt wird, ist gefährlich. Wie gut hätten die Völker daran getan, die Warnungen des *Club of Rome* im Jahr 1972 nicht so ungehört verklingen zu lassen? Es waren zwei verheerende Atomkatastrophen nötig, um den warnenden Stimmen vor der friedlichen Nutzung der Atomenergie mehr Gehör zu verschaffen. Wie viel Not, menschliches Elend und auch Kosten hätten möglicherweise verhindert werden können? Verdrängung und einseitige Prioritäten haben keine guten Früchte hervorgebracht.

Und so sollten Indikatoren für Gefährdungen in der Lebenswirklichkeit der einzelnen Menschen ebenso wenig bagatellisiert werden. Es sind nicht nur einzelne Anzeichen, die einen aufmerksamen Blick auf das Lebensklima vieler Menschen nahelegen. Und es wäre fatal, irgendwann mit dem Konjunktiv der Vergangenheit (»Hätten wir doch …«) das Verpassen wichtiger Möglichkeiten auszudrücken.

So sind bei einer differenzierten Betrachtungsweise neben vielen Verbesserungen in der Lebenssituation der Menschen auch problematische Entwicklungen wahrzunehmen. Verschlossene Augen sind nicht die richtige Begegnungsform damit. Soziale Verwerfungen, wie sie sich z. B. in Kinder- und Altersarmut ausdrücken, sind bewusst zu betrachten. Ebenso schwerwiegend sind gesundheitliche Risiken, die sich in der deutlichen Zunahme psychischer Krankheitsformen und sogenannter Zivilisationskrankheiten ausdrücken. Ein problembewusster – nicht panischer – Blick für mögliche Risiken im eigenen Lebensklima öffnet die Augen. Er nimmt Phänomene der Isolation und Vereinsamung in vielen Altersschichten wahr. Er sieht Verluste an Solidarität und Empathie, die schwer zu messen sind und doch vielfach als Tatsache erlebt werden.

Der oft zitierte Slogan »no risk – no fun« hat etwas Wahres. Neue und bereichernde Erfahrungen setzen oft voraus, dass man auch etwas wagt und Schritte geht, die nicht in allem abzuschätzen sind. Doch eines ist auch klar: Viele bittere und negative Erfahrungen hätten vermieden werden können, wenn Menschen nicht die Augen vor bestehenden Risiken verschlossen hätten.

Ständig unter Druck

Zur Lebenswirklichkeit vieler Menschen gehört eine enorme Erhöhung des Drucks und der Erwartungen, mit denen sie von außen konfrontiert werden. Die Atmosphäre der persönlichen Lebenswelt muss einen Anstieg der Druckverhältnisse verkraften. Aus der Arbeitswelt und der Familie, aus den Notwendigkeiten der Daseinsvorsorge und dem Engagement für Vereine und im Ehrenamt. Und nicht zuletzt auch aus den vielen Angeboten einer stets lockenden Freizeitindustrie und Konsumgesellschaft. All dies konfrontiert uns in einem hohen Maß mit Ansprüchen, zeitlich definierten Forderungen und mehr oder minder klar ausgedrückten Erwartungen. Dabei sind unerwartete Vorkommnisse wie Krankheiten, Schicksalsschläge oder Trennungen noch gar nicht beachtet.

Klar gesetzte Fristen und oft auf Minuten definierte Arbeitsabläufe lassen wenig Gestaltungsraum in der beruflichen Arbeitsbewältigung. Vielfache Ansprüche an die Familie in den Bereichen Schule, Ausbildung, Versorgung der älteren Generation üben Druck aus. Zwischen Pflichten, individuellen Terminen und wirtschaftlichen Herausforderungen bewegt sich ein beschleunigter Alltag. Belastungssituationen gehören dazu. Schon Kleinkinder erhöhen durch Vergleiche mit Gleichaltrigen den Konsumdruck. Wohnen und Lebensstandard, der eigenen Familie »etwas bieten« können – das alles ist nicht nur Verlockung eines vergnügten Lebens, sondern oft genug auch hohe Belastung.

Doch der Druck kommt nicht nur von außen. Aus uns selbst entstehen immer wieder Impulse, die den Charakter hoher Anforderungen haben. Wir wollen uns steigern und verschiedene Leistungen verbessern. Wir streben danach, Lebensbereiche optimaler und zeitgemäßer gestalten. Wir sehen immer wieder Verbesserungsbedarf auf ganz verschiedenen Ebenen. Wir fühlen uns nicht schön genug und zu dick. Wir tun zu wenig für unsere Gesundheit und haben zu wenig Zeit füreinander. Die Wohnung könnte verschönert und die Ernährung müsste umgestellt werden. Wir waren schon lange nicht mehr im Theater oder im Kino. Eine alte Bekannte müsste dringend wieder mal besucht werden und die Steuererklärung liegt auch schon seit Wochen.

Wir sind unzufrieden mit Arbeiten, die liegen bleiben, und mit der Art und Weise, wie wir unsere Freizeit gestalten. Wir klagen über mangelnde Zeit für Dinge, die uns wichtig erscheinen. Wir sehen überall etwas, was »man« besser, effektiver, schneller, unterhaltsamer, schöner etc. machen könnte. So sorgen wir oft für eine »innere Druckerhöhung«, für das unentwegte Gefühl des Unvollkommenen.

Viele wollen bewusst oder unbewusst perfekt sein. Selbstoptimierung ist zu einem Schlagwort geworden. Die Neigung, Defizite und Verbesserungsmöglichkeiten zu sehen, ist verbreitet. Keine Frage: Satte Selbstzufriedenheit und Anspruchslosigkeit ist ein Weg in die Vernachlässigung und in den Stillstand. Der Mangel an Selbstkritik führt Menschen nicht weiter.

Doch steter Perfektionismus und gnadenlose Härte gegenüber persönlichen Defiziten verhindern ruhende Punkte im Leben. Das Selbstbild wird unrealistisch und überfordert uns. Unter diesem Anspruch an sich selbst bleibt kein Raum für Pausen und Verweilen, denn es gäbe ja noch so viel zu verbessern. Hinter diesem inneren Druck steht eine Angst vor Kritik und eine innere Verunsicherung. Wir fürchten, Erwartungen nicht gerecht zu werden und dadurch weniger soziale Wertschätzung zu erhalten. Menschen mit stabilem Selbstwertgefühl können gut damit leben, wenn andere eine kritische Äußerung tun. Sie vermögen sich abzugrenzen und mit der nötigen Selbstsicherheit zu ihren Entscheidungen und ihrer Lebensgestaltung zu stehen.

Menschen, für die Selbstzweifel und ein brüchiges Selbstwertgefühl eine tägliche Realität sind, reagieren hochsensibel auf kritische Reaktionen. Bei hinterfragenden Stellungnahmen oder unklaren Reaktionen fragen sie sich schnell, was sie falsch gemacht haben. Sie überlegen, was sie besser machen können und ob sie wohl jemanden enttäuscht haben. Meist suchen sie schnell Ursachen und Schuld bei sich selbst.

Aus solchen Haltungen erwächst dann die Tendenz, schon im Voraus möglichst perfekte Leistungen zu erbringen. Angesichts der grundsätzlichen menschlichen Fehlerhaftigkeit wird dies zum aussichtslosen Unterfangen. Ein Hamsterrad kommt in Schwung, indem man die eigene Schlagzahl stetig erhöht. Doch nicht unbedingt deshalb, weil die Anforderungen von außen dies auslösen, sondern weil wir uns selbst unter den Druck setzen, schneller, besser, präziser, kompletter und für alle zufriedenstellender zu werden.

So kann sich eine Gemengelage schwieriger Druckverhältnisse aufbauen. Verdichtete Erwartungen und Beschleunigungen von außen und »innere Antreiber« schaukeln sich hoch. Sie sorgen für ständige Anspannung. So kann sich das Lebensklima im Alltag verschieben und Risiken mit sich bringen. Anpassung an veränderte Lebensbedingungen waren stets erforderlich. Zugleich können wir rückblickend aber auch beobachten, wie solche Prozesse neben unbestreitbaren Gewinnen für das persönliche Leben nicht ohne gleichzeitige Gefährdungen abliefen.

So war es für viele Menschen ein Segen und eine wohltuende Entlastung, dass schwere körperliche Arbeit durch

Technik und Hilfsmittel immer mehr zurückgefahren werden konnte. Es kann aber nicht geleugnet werden, dass dies auch für viele Menschen den Verlust ihrer Arbeit bedeutete und neue gesundheitliche Herausforderungen durch Bewegungsmangel, falsche Ernährung etc. mit sich brachte.

Es liegt nahe, auch die enormen Umbrüche einer Wirtschaft 4.0, einer rasend um sich greifenden Digitalisierung, einer Globalisierung in nahezu allen Lebensbereichen und einer deutlichen Veränderung vieler Alltagsbedingungen von den Chancen und den Risiken her zu betrachten. Wenn in diesen Ausführungen mehr auf das Gefährdungspotenzial eingegangen wird, heißt dies keineswegs, dass nicht auch Wertschätzung für viele positive Entwicklungen besteht.

Ein völlig anderes Leben

Erzähle ich meinen Schülern, dass ich für meine Studienarbeiten noch mit Mikrofilm in Universitätsbibliotheken recherchiert habe und dann an einer elektrischen Schreibmaschine arbeitete, ernte ich fragende und belustigte Blicke. Gebe ich dann noch kund, dass ich Verabredungen per Brief bei mehrtägigen Postwegen planen musste, weil es mobile Kommunikation nicht gab und die Telefone meist im Wohnbereich der Eltern nicht ganz frei zugänglich waren, kommen mitleidige Reaktionen hinzu. Manchmal mit der ironischen Nachfrage, ob ich zu dieser Zeit gelegentlich auch noch auf einen Dinosaurier gestoßen sei.

Die Lebensführung hat sich in wenigen Jahrzehnten radikal verändert. An jedem Ort und zu jeder Zeit sind wir erreichbar und können wir uns mitteilen. Überall und jederzeit sind wir in der Lage, Informationen abzurufen, Arbeitsvorgänge und Geschäfte zu erledigen, Geld zu überweisen. Egal welche Frage auftaucht, wir können uns in Hülle und

Fülle informieren. Blitzschnell gehen wir in digitale Lexika, Zeitschriftenportale und Buchungssysteme. Daran lassen uns viele andere teilhaben, die Eingangsliste an Mails und Kurznachrichten wird schnell unübersichtlich. Chatverläufe auf verschiedenen Ebenen sind manchmal kaum noch zeitgerecht nachzuvollziehen. Eine Flut an Bildern und Sprachnachrichten erreicht uns. Für alles, was uns fremd ist, gibt es ein Demonstrationsvideo.

Wir bewegen uns mit hoher Geschwindigkeit im Nahbereich und bei Fernreisen. Schon Kinder kennen viele Orte dieser Welt, die ihren Großeltern nicht einmal dem Namen nach bekannt waren. Blicken wir auf das Schlagwort einer »Ökobilanz« als Parameter, so lässt sich relativ leicht nachvollziehen, dass unsere Vorfahren in der Agrargesellschaft des 18. und 19. Jahrhunderts lange Zeit in einem ähnlichen Status verblieben. Dagegen liegen zwischen unserer Ökobilanz und der unserer Großeltern Welten, die niemals mehr zurückgefahren werden können. Schon immer lebte eine Generation ihr eigenes und verändertes Leben. Wir leben heute ein Leben, das sich in wenigen Jahrzehnten tiefgreifend von den Lebensformen der Generationen entfernt hat, die heute als ältere Menschen mit uns leben.

Diese Prozesse bringen für uns alle viele Annehmlichkeiten und Nutzen. Zugleich lösen sie auch Vorgänge aus, deren kritische Betrachtung sich nahelegt.

So zeigen Untersuchungen, dass sich viele Kinder nicht mehr ausreichend bewegen. Ein Grund dafür: Sie verbringen viele Stunden sitzend an Spielkonsolen und vor digitalen Unterhaltungsmedien. Das einfallsreiche und bewegungsintensive Spiel im Freien und im prägenden Sozialkontakt »live« tritt oft hinter Onlinestrukturen und individualisierten Unterhaltungsformen zurück.

Dies trifft nicht nur auf Kinder und Jugendliche zu. Bei allen Errungenschaften im Gesundheitswesen und erfreulichen Entwicklungen (z. B. ein deutlicher Rückgang an tödlich verlaufenden Herzinfarkten) müssen wir registrieren, dass der Kampf gegen einige fortschreitende Zivilisationskrankheiten auf der Stelle tritt oder sogar ins Hintertreffen gerät. So registriert beispielsweise die Deutsche Diabeteshilfe e. V. eine Zunahme der Diabetesfälle seit 1998 in Höhe von 38 Prozent. Auch wenn man berücksichtigt, dass heute vielleicht engmaschiger diagnostiziert wird, gehen die Fachleute dennoch von einer relativ großen Dunkelziffer aus. Insbesondere auf die Zunahme der Fälle bei Kindern blicken sie mit Sorge.

Das Kuratorium Gutes Sehen e. V. blickt ähnlich sorgenvoll auf die Zunahme von Sehschwächen. Obwohl Erwachsene sich vermehrt sportlich betätigen, vermerkt das Robert-Koch-Institut in einem Gesundheitsreport einen problematischen Anteil krankhaft übergewichtiger Menschen. Das Deutsche Ärzteblatt veröffentlichte 2018 aussagekräftige Zahlen über eine beständige Zunahme an Rückenproblemen. Auch im Bereich der Allergien und anderer chronischer Erkrankungen lassen sich aufschlussreiche Zahlen ermitteln.

Eine besondere Aufmerksamkeit finden aktuell sogenannte psychische Erkrankungen. Die Daten der Krankenversicherungen und der Rentenversicherung sprechen von deutlichen Zunahmen an Fehltagen und vorzeitiger Erwerbsunfähigkeit aufgrund psychischer Diagnosen. Die Fachverbände von Psychiatrie und Psychotherapie bestätigen diese Entwicklung. Es ist zu bedenken, dass die derzeitigen Diagnoseverfahren mehr Fälle erfassen und die Tabuisierung psychischer Probleme nicht mehr das Ausmaß früherer Zeiten hat. Dennoch bleibt das Faktum einer deutlichen Zunahme. Alle fachlichen Einschätzungen bringen dies mit den veränderten Lebensbedingungen der Menschen in Zusammenhang.

Dabei stehen Depressionen und Angststörungen bei den Statistiken als Diagnosefälle im Mittelpunkt. Bei der Erhebung der Risikofaktoren werden in den fachlichen Analysen Stress und erhöhte Leistungsanforderungen genannt. Aber auch der Verlust familiärer Strukturen, erhöhter Alkohol- und Drogenkonsum, intensiver Medienkonsum und Verluste sozialer Netze spielen eine bedeutsame Rolle.

Aus alledem folgt, dass die tiefgreifenden Veränderungen im Lebensklima bei allen erfreulichen Fortschritten auch neue Gefährdungen mit sich bringen. Wenn wir diese bewusst wahrnehmen, können wir ihnen auch vorausschauend begegnen.

Keine Zeit und kein Rhythmus

Besonders interessante Entdeckungen kann der kritische Blick auf den Umgang mit Zeit und Lebensrhythmus eröffnen. Längst sind die Zeiten vorbei, da Auf- und Untergang der Sonne den Tagesablauf rhythmisierten und die Arbeits- und Ruhezeiten prägten. Vorbei sind auch die Tage, in denen Ladenschlusszeiten, letzte Briefkastenleerung, Sendeschluss in Radio und Fernsehen und Sperrstunde einen zeitlichen Rahmen schufen.

Wir sind in der Lage, 24 Stunden einzukaufen, zu arbeiten, zu kommunizieren, Konten zu verwalten, Reisen zu buchen, Anmeldungen vorzunehmen und vieles andere mehr. Dabei sind alle sieben Tage der Woche gleich verfügbar. Das bringt uns Freiheiten und Vorteile, erspart uns manche Hetze und Unbequemlichkeit. Wir genießen den Vorzug flexibler Arbeitszeiten und nehmen damit aber auch in Kauf, dass wir Arbeit mit nach Hause nehmen. Das Wochenende wird auch mal hergenommen und es kommt durchaus vor, ein Dokument fürs Büro auf dem Smartphone vom Urlaubsort aus zu erstellen und zu versenden.

Doch die vermehrten zeitlichen Spielräume haben im subjektiven Empfinden zu keiner »wunderbaren Zeitvermehrung« geführt. Die Erfahrung zeigt eher, dass Zeitdruck und Eile zunehmen. Zeitgewinne werden gerne mit neuen Aktivitäten aufgefüllt. Dies aber gefährdet zunehmend Rhythmen, die der Erholung und der Entspannung dienen.

Insbesondere die Schlafforschung erkennt enorme Rhythmusveränderungen im Tagesablauf vieler Menschen. Untersuchungen gehen davon aus, dass die durchschnittliche Schlafdauer in den letzten 100 Jahren um 1,5 Stunden abgenommen hat. Die Elektrifizierung unserer Lebenswelt im 20. Jahrhundert und die Digitalisierung im 21. Jahrhundert haben daran großen Anteil.

In der medizinischen Forschung wurde in den letzten Jahrzehnten die gesundheitliche Relevanz des Schlafes mehr und mehr erkannt und analysiert. Schlafmangel als Dauerzustand bringt gesundheitliche Risiken mit sich. Diabetes, Übergewicht und depressive Episoden stehen in einer Korrelation mit Schlafreduktion. Insbesondere das Immunsystem lebt in seiner Stabilität fundamental von einem ausreichenden und erholsamen Schlaf. Da wirkt es nicht beruhigend, wenn ein Gesundheitsreport der DAK davon spricht, dass 80 Prozent der Erwerbstätigen über Schlafstörungen klagen und dies auch für jede*n dritte Schüler*in gilt.

Auch in der Arbeitswelt wirken sich diese Verschiebungen aus. Schichtarbeit ist in vielen Wirtschaftsbereichen Alltag. Insbesondere für die kraftraubende Dreischichtarbeit im Wechsel gibt es aussagekräftige Daten, die deren Gesundheitsrisiko belegen. Im Zeitalter der Globalisierung müssen Skypekonferenzen notwendigerweise für einige Teilnehmer zu Nachtzeiten stattfinden, in Stoßzeiten der Arbeitswelt fallen Pausen und ein pünktliches Ende flach.

Dies bleibt nicht ohne Auswirkungen auf die Freizeit. An Stadträndern und entlang der Autobahnen laden Fitnesscenter ein, die 24 Stunden geöffnet haben. Mit Chipkarten können sie jederzeit genutzt werden, notfalls eben auch nach Mitternacht auf dem Heimweg von einem Geschäftstermin. Wenn der Abendkrimi einem Termin zum Opfer fällt, kann dieser per Mediathek auch nachts noch gesehen werden oder vielleicht auch morgens um fünf, wenn man nicht mehr schlafen kann. Klar, dass dann Mahlzeiten nicht mehr geregelt eingenommen und gemeinsame Zeiten in Partnerschaft und Familie knapp werden.

Anhaltende Rhythmusverluste und beständiger Zeitdruck bleiben nicht ohne Auswirkung auf unseren Körper und unsere Seele. Prof. Maximilian Moser von der Universität Graz, der später noch zu Wort kommen wird, hat dazu zahlreiche internationale Studien ausgewertet und die Rolle gestörter Rhythmen bei der Entstehung vieler Krankheiten aufgezeigt. Dies soll nicht Angst machen und Veränderungen im Alltagsleben dämonisieren. Aber es kann unser Bewusstsein schärfen und das eigene Handeln gewinnbringend inspirieren und beeinflussen.

Die Flut an Reizen

Die Biologie unserer Sinne ist ein faszinierendes Wunder der Natur, von der evolutionsgeschichtlichen Entwicklung der einzelnen Sinnesorgane bis zu den hochkomplexen Verarbeitungsprozessen sinnlicher Reize in unserem Gehirn. Die unvorstellbare Anzahl an Sinnesreizen, ihre rasend schnelle Verarbeitung in chemischen und elektrischen Prozessen und ihr Einfluss auf Empfinden und Handeln eröffnen eine Welt, die uns nur staunen lassen kann.

Sinneseindrücke und ihre Verarbeitung erweisen sich in der Evolution als wichtige Grundsäulen der Arterhaltung. Zur Wahrnehmung von Nahrung und Gefahren, zur Orientierung im Lebensraum, zur Fortpflanzung und zur Kommunikation tragen unsere Sinne entscheidend bei. Ein Funktionsverlust birgt erhebliche Gefahren.

Der allergrößte Zeitraum in der menschheitsgeschichtlichen Entwicklung unserer Sinne fand in Epochen statt, in denen Phasen intensiver sinnlicher Wahrnehmung im Wechsel mit Zeiten der Ruhe und Verarbeitung standen. Im Lebensraum gab es mangels künstlichen Lichts Zeiten völliger Dunkelheit. Auch Phasen nahezu völliger Stille waren von Natur aus gegeben.

Mit jedem technischen Fortschritt wurde auch das Volumen an Sinneseindrücken erheblich höher. Die Anzahl der Bilder, Geräusche, Düfte, Aromen etc. erhöhte sich permanent. Bilderflut und ständige Geräuschkulisse gehören heute zum Alltag. Lärm macht Menschen krank. Künstliches Licht sendet permanent Reize aus. Eine belastete Umwelt stinkt und überdeckt natürliche Düfte.

Jede Sinnesverarbeitung erfolgt über komplexe Zelltätigkeiten als dynamischer biochemischer Prozess. Dieser benötigt Energie. Dafür stehen heute kaum noch Pausen zur Verfügung. Für Kinder ist heute unfassbar, dass mit ihnen noch eine Generation lebt, die mit zwei Fernsehprogrammen, deren Sendezeiten sich vom Nachmittag bis Mitternacht erstreckte, aufwuchs. Unentwegt ist das Sinnessystem aktiv, nimmt Reize auf, verarbeitet sie und leitet sie weiter. Mit vielfältigen Folgen.

Bilder prägen sich bewusst und unbewusst ein und schaffen Wirklichkeiten im Denken und Fühlen. Geräusche,

Wohlklang oder Lärm lösen Prozesse für oder gegen unser Wohlergehen aus. Düfte verursachen Ekel oder Befriedigung. Wenn all dies pausenlos und in ständig wachsender Fülle geschieht, wird der Stress für unser Aufnahme- und Verarbeitungssystem automatisch größer. Immer mehr prasselt auf uns ein. Wir über-sehen und über-hören immer mehr, ja, oftmals drücken wir selbst aus, dass wir etwas »nicht mehr sehen«, »nicht mehr hören«, »nicht mehr riechen« können.

Pausenlose Beanspruchung der Sinne verbraucht zu viel Energie, lässt dem Gehirn nicht die Zeit nötiger Verarbeitungsprozesse und erhöht die Stresshormone. Die Folgen können im Bereich verringerter Aufmerksamkeit, wachsender Nervosität, gestörter Gedächtnisleistungen aber auch chronischer Krankheiten liegen. Dies kann unser Wohlbefinden beeinträchtigen, Unzufriedenheit und innere Unruhe aufkommen lassen und sich somit auch auf unsere Gefühle und psychische Stabilität auswirken.

In der öffentlichen Diskussion schwelgt ein Streit über die Auswirkungen ausufernden Medienkonsums. Kritische Mahner stehen im Widerspruch zu einer enorm großen Lobby der Digital- und Unterhaltungsindustrie. Studien unterschiedlicher Qualität werden von beiden Seiten vorgebracht. Eine Dämonisierung moderner Entwicklungen wird wohl kaum etwas bewegen. Das Rad der Zeit ist nicht generell zurückzudrehen. Doch die sehr differenzierten Bedenken, insbesondere aus Bereichen der Kinder- und Jugendmedizin und der Neurowissenschaften, können nicht vom Tisch gefegt werden.

Auch wenn immer die einzelne Situation gesehen werden muss, lassen sich viele Hinweise dafür finden, dass der permanente Stress für unsere Sinne, der sich auch aus umfassendem Medienkonsum aufbaut, die klimatischen Bedingungen unserer Lebenswirklichkeit problematisch verändern kann.

Dabei ist auch zu beachten, dass Reizüberflutung nicht nur Stress auslöst, sondern auch die ursprünglich so lebenswichtige und oft lebensfrohe Grundfunktion der Sinne beeinträchtigen kann. Im ständigen Wechsel der Bilder gibt es oft kein Verweilen mehr vor einer schönen Blüte. Bei ständiger Geräuschkulisse wird der Gesang eines Vogels nicht mehr wahrgenommen. Durchmischt von unzähligen künstlichen Aromastoffen schmecken wir die natürlichen Grundstoffe nicht mehr. Es scheint widersprüchlich, ist aber realistisch: Je mehr wir unseren Sinnen zumuten, desto bedrohter ist eine ursprüngliche Sinnlichkeit. Dies beinhaltet die Gefahr, dass sich eine Distanz zu unseren natürlichen Lebensräumen entwickelt und wichtige Ressourcen verloren gehen.

Bindungsverluste

Wenn in den letzten Jahren der Chefarzt einer universitären Psychiatrieklinik ein Buch über »Einsamkeit – die unerkannte Krankheit« publiziert (Manfred Spitzer, Droemer 2018) und ein durch viele Veröffentlichungen bekannter Internist über »7 Wege aus der Einsamkeit« (Walter Möbius, Dumont 2019) schreibt, so ist dies wohl nicht ganz zufällig. Der »Klimawandel« im Leben moderner Menschen hat auch seine soziale Dimension.

Ein Zusammenhang zwischen großen Belastungssituationen und dem Wegfall familiärer und enger menschlicher Bindungen lässt sich in vielen Beobachtungen und fachlichen Analysen nachvollziehen. Bindung als enge emotionale Beziehung zwischen Menschen gilt als eine entscheidende Grundlage selbstbestimmten und gelingenden Lebens. Bindung gilt als wichtiger Baustein reifen Sozialverhaltens.

Gut entfaltete Gefühlswahrnehmung bei sich und bei anderen und ein fundiertes Selbstwertgefühl wachsen auf dem Boden verlässlicher Bindungen. Sie wachsen durch ganzheitliche Nähe und erfahrene Zuwendung. Vertraute Menschen werden sinnlich erfahren und dabei wird Bindung hormonell unterstützt.

Nicht alle Veränderungen in den gegenwärtigen Lebensumständen fördern und vertiefen Bindung. In einem beschleunigten Alltag reduziert sich immer wieder die Zeit für mitmenschliches Miteinander und intensives Zusammensein. Leistungsdruck und ständige Erwartungen erhöhen die Gefahr, dass die ganz einfachen Formen menschlicher Begegnung, die keinem funktionalen und nützlichen Zweck dienen, ins Hintertreffen geraten. Zuweilen kommen sie unter die Räder eines raffinierten Zeitmanagements.

Die wesentlich erhöhte Gewichtung digitaler Kommunikation umfasst nicht alle Sinneswahrnehmungen und vermindert die Intensität der Kontakte. Die hohe Anzahl von »Freundschaften« in den sozialen Medien kann nicht Schritt halten mit der emotionalen Fähigkeit, Beziehungen aufzubauen. Auch stundenlanges Chatten in Internetforen kann offensichtlich die Bedeutung »analoger« und realer Begegnung nicht ersetzen. Manche Kritiker sehen das Risiko von Einsamkeitserfahrung sogar erhöht. Die enorme Mobilität moderner Lebensformen lässt oft wenig Raum und Zeit, in einem Lebensumfeld verlässliche und vertraute Kontakte zu entwickeln.

Familiärer Halt geht für viele Menschen in zerbrochenen Beziehungen zumindest teilweise verloren und verliert insbesondere in urbanen Lebensräumen an Stabilität. Soziale Strukturen im Wohnumfeld, in Nachbarschaft und Vereinsleben sind oftmals nicht mehr vorzufinden. Die unbefangene Begegnung, das persönliche Gespräch und eine gewachsene Vertrautheit werden von zahlreichen Menschen schmerzhaft vermisst.

Wir wissen heute, dass mitmenschliche Nähe bis hinein in biologische Prozesse (Stichwort »Oxytocin«) eine wohltuende und heilsame Lebenshilfe ist. Umarmungen, Blickkontakte und ein Austausch (»face to face» statt »facebook«) tun gut, wirken sich gesundheitsfördernd aus. So liegt es nahe, Einsamkeit und soziale Isolation nicht nur als individuell schicksalhafte Probleme zu betrachten. Sie sind auch als Risiko für die Gesundheit an Leib und Seele ernst zu nehmen.

Dauerthema Ernährung

Die unübersehbaren und raschen Veränderungen werden kaum an einem Thema so offensichtlich (und auch kontrovers diskutiert) wie bei der Ernährung. War in der Nachkriegszeit die Angst vor Hunger noch real und ein Großteil der Alltagsbewältigung auf Nahrungsbeschaffung ausgerichtet, erleben wir heute vielfach ein Überangebot. Heute beschäftigen uns Lebensmittelverschwendung und die Folgen problematischer Ernährung.

Wir essen zu völlig anderen Zeiten gänzlich andere Dinge in völlig anderen Mengen und Verarbeitungsformen als unsere Vorfahren. Zwar genießen wir hie und da »Omas Küche«, doch schwerpunktmäßig dominieren industriell verarbeitete Lebensmittel. Sie werden schnell und praktisch zubereitet, dienen aber vielfach nicht unserer Gesundheit. Nicht umsonst erleben Ernährungsratgeber einen Boom. Bei etwas Nachdenken wird uns bewusst, dass die starke Veränderung in der Ernährungspraxis vom persönlichen Wohlergehen bis zur globalen Verantwortung viele Fragen aufwirft.

Ganze Abteilungen in den Buchhandlungen liefern uns gänzlich unterschiedliche Ratgeber, die sich durchaus auch in ihren Ansätzen widersprechen. Vielleicht ist auch dies ein Indiz dafür, dass uns ein natürliches Ernährungsverhalten als wichtige Ressource teilweise abhandengekommen ist.

Die bereits erwähnte Zunahme mancher Zivilisationskrankheiten spricht hier eine deutliche Sprache. Gewisse Nahrungsmittel im Übermaß tun uns nicht gut (z. B. Alkohol, Zucker, bestimmte Fette …) und auch ein Mangel wirkt sich mit der Zeit negativ aus (z. B. Ballaststoffe, pflanzliches Eiweiß, Vitamine …) Ohne manchmal mit geradezu ideologischem Eifer vorgetragene Ernährungskonzepte absolut zu setzen, gibt es ausreichende Forschungsgrundlagen für einige Grundrisiken: Einseitige Ernährungsformen, übermäßige Anteile an industriell verarbeiteten Lebensmitteln und große Unregelmäßigkeiten in der Nahrungsaufnahme tun uns auf die Dauer nicht gut.

Essen ist für unser Leben wichtig. Außerdem darf und soll es Freude machen. Die Fähigkeit zu genießen ist eine kostbare Ressource. Sie soll nicht durch allzu schnell erhobene Zeigefinger und ständige Mahnungen gefährdet werden. Doch es liegt an uns, die Veränderungen unserer Ernährungsgewohnheiten bewusst zu reflektieren. Übermaß und Mängel sind zu bilanzieren. Jeder kann hinterfragen, ob Ausgewogenheit und Regelmäßigkeit einem veränderten Lebensstil zum Opfer gefallen sind.

Sinnkrisen

Die Frage nach dem Sinn des Lebens ist so alt wie die Menschheit. Sie erfuhr und erfährt so unendlich viele Antwortversuche, dass die Unerschöpflichkeit des Themas auf der Hand liegt. Dies darf aber nicht dazu führen, die Frage zu unterlassen. Jeder Mensch hat Maximen und Grundüberzeugungen, die für sein Denken und Handeln wegweisend sind. Diese enthalten immer Anteile von Prägung, Erziehung und unbewussten Bedürfnissen, aber auch bewährten Erfahrungen und reflektierten Überzeugungen. Um diese geistigen Orientierungen ringen Menschen ein Leben lang. Diese Maximen bedürfen immer wieder einer Erneuerung und Überprüfung und müssen sich in Krisenzeiten bewähren.

Sie sorgen aber auch im Laufe des Lebens für ein Fundament, auf dem wir Halt und Verwurzelung finden. Sie inspirieren zum Engagement für eine Sache, die man für wichtig hält. Sie bieten eine Vertrauensbasis in Zeiten der Verunsicherung. Sie ermutigen gegebenenfalls zum Widerstand gegen Entwicklungen, die man für gefährlich hält. In Krisen erweisen sie sich auch als Felsen in der Brandung.

Mit großer Bewegung fand ich im Nachlass meiner verstorbenen Mutter einen Brief, der sie nach vielen Irrwegen kurz nach Ende des Zweiten Weltkrieges bei ihrem Dienst in einem Hospital für Kriegsopfer erreichte. Meine Großmutter, in Unterfranken lebend, schilderte in eindringlichen Worten die Bombennacht, die Würzburg dem Erdboden gleichmachte. Sie erzählte vom Einmarsch der amerikanischen Soldaten in ihrer Kleinstadt, der Sprengung von Brücken, den Schießereien mit der SS, den Nächten in Schutzkellern. Und all das wenige Monate nach dem Kriegstod ihres 18-jährigen Sohnes.

Doch durch alle Dramatik und sorgenvolle Schilderungen zieht sich ein tiefes Gottvertrauen. Es ist eine innere Empfindung herauszuhören, dass hinter allen schweren Vorgängen doch eine Kraft zu ahnen ist, die Hoffnung und Vertrauen ermöglicht. So drücken diese Zeilen Erschütterung aus, jedoch keine Resignation.

Diese tiefe Verankerung in religiösen und spirituellen Grundhaltungen ist für viele Vergangenheit und die Ursachen dafür sind mannigfaltig. Nicht zuletzt haben das Versagen der institutionalisierten Religionen, ihre Kumpanei mit Macht und Gewalt und der unsägliche Missbrauch Tausender dazu erheblich beigetragen. Da gibt es nichts zu beschönigen und manche Ausrede vergrößert das Ärgernis nur noch.

Doch es bleibt die Frage, wofür Menschen leben, wovon sie sich leiten lassen und was ihnen Halt gibt. Als Überlebender der Konzentrationslager hat Viktor E. Frankl (1905–1997) die Sinnfrage als das Grundthema seiner Psychotherapie entfaltet. Sein Anliegen war es, Menschen zu einer lebensbejahenden, liebevollen und widerstandsfähigen Grundhaltung zu inspirieren. Dabei entspricht es seiner großen Erfahrung und seinem Respekt, dass er Sinn nicht in einer bestimmten Weise verordnet und sich der Veränderungen im Laufe der Lebensgeschichte bewusst ist.

Wenn eine Sinnorientierung an Bedeutung verliert und ein oftmals manipulierter Mainstream die Überzeugungen »macht«, liegen die Wurzeln nicht mehr tief. Wenn alles gilt und es keine Überzeugungen gibt, für die es sich lohnt, Kraft und Leidenschaft aufzubringen, leidet der Boden unter den Füßen unter einer Erosion. Wenn die schnelle Bedürfnisbefriedigung der entscheidende Impuls für Denken und Handeln ist, lassen sich Verantwortung, Nachhaltigkeit und Grundüberzeugungen nur noch schwer entdecken.

Wenn die Schlagzahl des Alltags ein Nachdenken in Stille nicht mehr ermöglicht, kann Wurzelpflege kaum stattfinden. Wenn es das maßgebliche Motiv wird, das Belohnungssystem des Gehirns zu stetigem Dopaminausstoß anzuregen, damit man sich gut fühlt, verengt sich der Horizont auf Vordergründigkeiten.

Menschen, die den Boden unter den Füßen verloren haben und Krisen durchleben, begegnen uns immer wieder mit einer bitteren Aussage: »Ich sehe keinen Sinn mehr, es ist alles sinnlos.« In diesem Satz teilen sich Perspektivlosigkeit und Verzweiflung mit. Es zeigt sich ein bedrohlicher Verlust an Lebenskraft und Zukunftsorientierung. Es gehört zu den apokalyptischen Reflexen mancher Religionsprediger, vom verbreiteten Sinnverlust und seinen verheerenden Auswirkungen zu sprechen. Ich will dies bewusst nicht tun. Es steht mir kein Urteil zu. Untersuchungen, die sich vor allem auf kirchliche und ritualisierte Bindungen konzentrieren, bleiben da zu oberflächlich.

Aber ich will jede und jeden dazu ermuntern, einmal wachen Auges die eigene Umgebung zu betrachten. Fragen wir gründlich nach den tragenden und wegweisenden Orientierungen der Menschen. Beobachten wir achtsam woraus wir und unsere Mitmenschen Halt schöpfen. Und jede und jeder darf auch sensibel wahrnehmen, wie sich das Lebensgefühl und die Wirklichkeit von Menschen verändert, wenn ein sinnorientiertes Fundament kaum zu verspüren ist.

»Die Belastungen sind anders und mehr geworden«

Im Dialog mit Dr. Michael Tischinger, Chefarzt der Adula-Klinik für Psychosomatische Medizin in Oberstdorf

In der Adula-Klinik Oberstdorf werden Menschen mit unterschiedlichsten Krankheitsbildern aus dem Bereich der Psychosomatik therapeutisch begleitet. Dr. Michael Tischinger, Autor mehrerer Bücher, ist seit über zehn Jahren Chefarzt dieser Klinik im Allgäu. Er greift auf langjährige und differenziert betrachtete Erfahrungen zurück.

Ein erster wichtiger Aspekt unseres Gespräches geht auf die Frage ein, ob die allseits festgestellte Zunahme psychischer Erkrankungen möglicherweise vor allem ein statistischer Effekt ist und einer zunehmenden Sensibilität für solche Krankheitsbilder geschuldet ist. Der Facharzt für Psychiatrie und Psychotherapie sowie Facharzt für Psychosomatische Medizin sieht durchaus eine vermehrte Bereitschaft, solche Krankheitsbilder zu attestieren und sich zu solchen Erkrankungen zu bekennen. Aber darin sieht er keine erschöpfende Erklärung für deutlich ansteigende Zahlen: »Ja, diese Erkrankungen haben zugenommen – das entspricht meinen Erfahrungen und den Erfahrungen vieler meiner Kollegen.« Depressionen und Angststörungen, aber auch Essstörungen lassen sich eindeutig in höherem Maße beobachten. Dr. Tischinger sieht dies im Zusammenhang mit vermehrten und veränderten Belastungen. »Das Ausmaß und die Art der Belastungen haben sich deutlich verändert. Die Patient*innen, die zu uns kommen, sind tendenziell belasteter. Die daraus resultierenden Krankheitsbilder haben häufig eine stressbezogene Dimension.« Dabei ist ihm der Hinweis wichtig, dass auch viele Zivilisationskrankheiten wie Diabetes, Rückenbeschwerden, Allergien, Hauterkrankungen etc. im Zusammenhang mit Stress zu sehen sind. Der Therapeut spricht von der Vielzahl der »Baustellen«, die Menschen in ihrem Leben zu bewältigen haben. Er sieht nicht nur die deutliche Zunahme seelischen Leidens, sondern er wirft auch mit Kolleg*innen aus seinem Fach die Frage auf, was in unserer Gesellschaft los ist, dass diese Entwicklung so deutlich zutage tritt und wie in Zukunft diese Problematik hilfreich angegangen werden kann.

Unser Austausch kommt auf Ursachen zunehmender seelischer Belastungen zu sprechen. Dr. Tischinger sieht eine Reihe von Entwicklungen, die hier zu bedenken sind und die es nicht erlauben, einfache und monokausale Antworten bei der Ursachenforschung zu geben. Neben den zunehmenden Anforderungen von außen durch eine verdichtete Arbeitswelt, hohen Zeitdruck, ständige Verfügbarkeit und enormen wirtschaftlichen Druck blickt er vor allem auf die »inneren Faktoren«, auf die sich seine Arbeit konzentriert und die er als besonders relevant betrachtet. Dabei spricht er von »inneren Antreibern« und »Selbstwertproblemen«, die dazu führen, dass Menschen in Stress geraten.

Ohne frühere Lebensformen zu idealisieren, weist Dr. Tischinger darauf hin, dass Dorf und Familie einst einen festen Rahmen gegeben haben. Darin hatte der Einzelne seinen Platz und erfuhr auch ein Geborgenheitsgefühl. Demgegenüber beobachtet der Arzt heute eine »Multioptionsgesellschaft, die zu einer erheblichen Selbstwertverunsicherung auf vielen Ebenen führt«. Er sieht die Menschen getrieben, stets vor dem Anspruch mitzuhalten, etwas herzeigen zu können und nichts zu versäumen. Zugleich lösen sich viele stabile Bindungen auf, wird eine hohe Mobilität gefordert. Arbeitswelt und Freizeitgestaltung sind in einem stetigen Umbruch. Wichtige Ressourcen wie soziale Bindungen oder unmittelbares Erleben der Natur mit allen Sinnen geraten dabei in Gefahr.

So erfahren viele Menschen nicht mehr ihren Selbstwert als gegeben, sondern sehen sich herausgefordert, ihren »Marktwert« zu beweisen. Viele wollen sich durch ständig neue Leistungen und durch Prestige bestätigen. Diese enormen Anforderungen führen auf der einen Seite zum Gefühl der Minderwertigkeit aber andererseits auch zu Größenfantasien, wie sie sich in narzisstischen Verhaltens- und Erlebensweisen zeigen. »Minderwertigkeitsgefühle und ein narzisstisches Größenselbst sind aber letztlich eine Frage des Selbstwertes«, betont Dr. Tischinger.

Eine zentrale Gefährdung des Wohlergehens vieler Menschen sieht er im Mangel emotional geprägter Beziehungen. Es geht ihm um Bindungen, die »nähren« und sich nicht an zahlreichen Likes im Account orientieren und damit den Selbstwert an quantitativen Maßstäben messen. Stützende und vertrauensschaffende Beziehungen als unverzichtbare Ressource fehlen vielen Menschen. Daraus erwächst eine vertiefte Selbstverunsicherung. Dies wird oft durch eine virtuelle Kommunikation verstärkt. Man ist dann zwar fortwährend online ist und betreibt Multitasking, die ganzheitliche personale Dimension einer vertieften Begegnung fehlt aber häufig. Aus seiner therapeutischen Erfahrung würde Dr. Tischinger das Prinzip »höher schneller weiter« gerne durch »näher langsamer tiefer« ersetzen. Dadurch ließe sich der Stress für das Gehirn enorm entschleunigen.

Wie können Menschen Gefährdungen erkennen, bei welchen Wahrnehmungen sollten sie aktiv werden? Dr. Tischinger möchte dabei keine einzelnen Symptome nennen. Für ihn ist es keineswegs selbstverständlich, dass sich jemand selbst überhaupt wahrnimmt und aufmerksam beobachtet. Viele Menschen, die in die Klinik kommen, erzählen davon, dass sie sich und die Selbstwahrnehmung verloren haben. Und genau darin liegt ein wichtiger Ansatzpunkt: sich wieder wahrnehmen und wieder Bezug zur eigenen Gefühlswelt spüren. Es geht darum, einen Kontakt nach innen zu finden und die innere Weisheit wiederzuentdecken. Er sieht eine wichtige Aufgabe des Therapeuten in der Hilfestellung, den Kontakt zur persönlichen Innenwelt wiederaufzubauen und darin eine wichtige Ressource in sich selbst zu erfahren. Dies erfordert Bereitschaft und Zeit.

Im Gespräch über bedeutsame Bedürfnisse, die Patient*innen im Laufe des Klinikaufenthaltes mitteilen, sieht der Arzt einen »Hunger nach Spiritualität im Sinne von Hunger nach Erfahrung von Verbundenheit und Teil von etwas Größerem zu sein«. Dabei will er Spiritualität auf dieser Erfahrungsebene verstanden wissen, nicht als konkretes Glaubensbekenntnis. Sie zeigt sich als Öffnung des Herzens für Transzendenz, für Dankbarkeit und Liebe. Daraus ergibt sich nach seiner Erfahrung oft ein neuer Zugang im Leben. In Sinnerfahrungen können Menschen auch aus schweren Erfahrungen heraus wieder eine Zukunft mit neuen Perspektiven entdecken.

Was ich im Alltag versuchen kann

Zu viel – zu wenig? Meine Selbsteinschätzung

Ich nehme mir ein paar Minuten Zeit und befrage mich selbst, wie es um wichtige Ressourcen bei mir steht. Ich versuche die Selbsteinschätzungen zu markieren und verbinde die Punkte. Gibt es starke Ausschläge? Welche der beiden Seiten überwiegt bei mir? Wo sehe ich vorrangigen Handlungsbedarf? Wo kann ich leicht eingreifen?

Bewusste Ernährung

Schlaf

Pausen

Gemeinschaft

Bewegung

Anstrengung

Entspannung

Natur erleben

← →

Eher zu wenig **ausreichend und bewusst**

Ein Halbtag (vielleicht sogar ein ganzer) der Lebensfreude

- Ich plane mindestens einen halben Tag ein, den ich ganz für mich habe. Einige Tage im Voraus notiere ich Dinge, die ich besonders gerne tue und schätze (Tätigkeiten, Lieblingsessen, Ruhephasen, Besuche, kleine Unternehmungen). Nichts davon soll zu den üblichen Verpflichtungen gehören und nichts soll großen Aufwand fordern.
- Am Tag zuvor wähle ich aus meiner Liste zwei bis drei Prioritäten aus, die an diesem Halbtag im Mittelpunkt stehen sollen. Ich fertige einen Plan an, der mich bei meinem Tun von Zeitdruck, anstrengenden Vorgängen, weiten Wegen bewahren soll und plane diesen Halbtag ganz für mich.
- Ich verbringe eine Zeit des Genießens.
- Ich setze mich am Abend in Ruhe hin und notiere meine Eindrücke und Gefühle im Blick auf diesen Tag. Ich lasse schöne Momente nochmals vor meinem inneren Auge aufscheinen.
- Eventuell überlege ich mir, wann ich wieder so eine Zeit für die Lebensfreude einplane.

Das Profil meiner Lasten

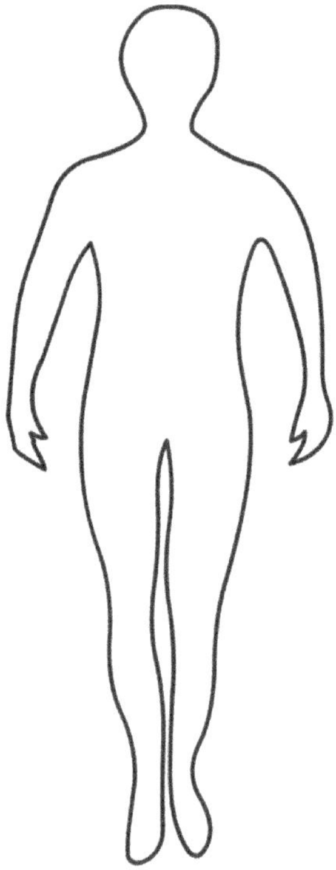

- Ich übertrage Körperumrisse auf ein Blatt. In Stille nehme ich mich wahr, komme ich zur Ruhe, achte ich auf meine Atmung, meinen Körper, mein jetziges Ergehen.
- Ich beschrifte einzelne Körperregionen, an denen ich real oder sinnbildlich Belastungen empfinde, z. B.: Schulterverspannungen oder was alles auf meinen Schultern liegt, Kopfschmerzen oder quälende Gedanken ...
- Ich betrachte mich von »Kopf bis Fuß« und werde mir bewusst, was ich als schwer empfinde. Ich versuche zu kennzeichnen, wo ich schnell etwas ändern kann und wo ich mir am meisten eine Veränderung wünsche.

Dann geht's mir gut ...

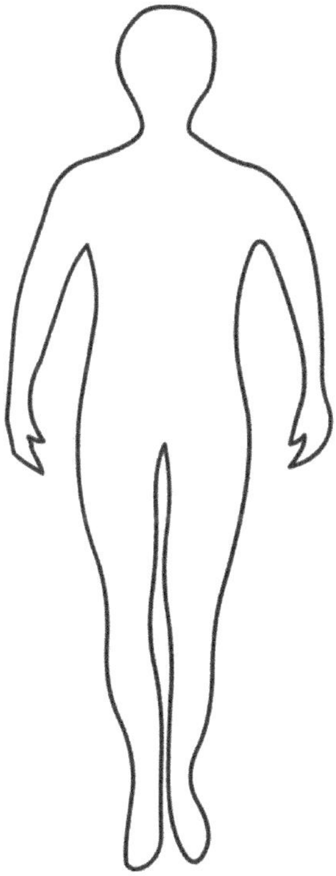

- Ich übertrage die Umrisse ein zweites Mal und sorge wieder für eine Selbstwahrnehmung in Ruhe.
- Ich kennzeichne kraftspendende und wohltuende Erfahrungen, an die ich mich positiv erinnere und die für mein Wohlergehen sorgen (z. B.: wenn ich spazieren gehe, wenn ich Sport treibe, wenn ich Musik höre, wenn ich etwas Gutes esse ...).
- Ich vergegenwärtige eine dieser Erfahrungen intensiv, baue ein inneres Bild dazu auf, erinnere mich an Sinneseindrücke, empfinde das Wohlgefühl nach.

Check-up Ernährung

Es lohnt sich, einige Tage die Ernährung gezielt zu beobachten und abends für sich zu bilanzieren.

Tageszeit	Was ich esse	Gefühl davor und danach
Morgens		
Vormittags		
Mittags		
Nachmittags		
Abends		
Nachts		

Interessante Beobachtungen können sein: Ich esse zu allen möglichen Zeiten. Ich esse auch ohne Hungergefühl. Ich esse mit geringem Zeitaufwand. Ich entdecke wenig gesunde Anteile (z. B. Gemüse, hochwertige Fette, pflanzliche Eiweiße, Ballaststoffe, Fisch, Kräuter ...). Ich entdecke viele problematische Anteile (z. B. Tierische Fette, Zucker, verarbeitete Lebensmittel, Aromastoffe, Weißmehl, Fast Food ...).

Wichtiger ist es noch, die Ergebnisse zu hinterfragen und zu überlegen, wann und wie ganz konkrete Änderungen gut möglich wären. Schriftliche Kennzeichnungen erhöhen die tatsächliche Bereitschaft, aktiv zu werden.

	Zeitaufwand	Gesunde Anteile	Problematische Anteile

Zum Weiterlesen

Statistische Daten der Deutschen Gesellschaft für Psychiatrie und Psychotherapie, Psychosomatik und Nervenheilkunde
www.dgppn.de/schwerpunkte/zahlenundfakten.html

Gesundheitsreport der DAK von 2017
www.dak.de/dak/bundesthemen/muedes-deutschland-schlafstoerungen-steigen-deutlich-an-2108960.html

Haben psychische Krankheiten zugenommen? Analyse im Blog »Psychosomatik online«
www.psychosomatik-online.de/haben-psychische-erkrankungen-zugenommen/

Grünewald, Peter, Maximilian Moser und Wolfgang Gutberlet: Wachsen am Widerstand. Adaptive Resilienz, Fulda 2015

Du und ich – ein Energiebündel!

Die elementare Bedeutung von Bindung und Beziehung und die Gefährdung durch Bindungsverlust wurden bereits angesprochen. Es geht hier um eine unbestrittene und fundamentale Ressource. Doch so sehr wir Beziehungsgeschöpfe sind und die Bindung zu unserer Natur gehört, so wenig ist die Pflege dieser Ressource ein Selbstläufer. Beziehung und Erhalt hilfreicher sozialer Verbindungen können regelrecht Arbeit sein. Zumindest erfordern sie fortwährende Aufmerksamkeit. Dies gilt es zu verinnerlichen und zu realisieren.

Soziale »Netze«

Angesichts der bereits erläuterten Veränderungen in Mobilität, Freizeitverhalten und Familienstruktur sind die natürlichen sozialen Netzwerke früherer Zeiten in ihrer Selbstverständlichkeit weniger vorhanden. Über lange Zeiten waren die Begegnung mit Nachbarn, das Dorf- und Vereinsleben und der Aufbau von Kontakten stabil. Heute erleben wir viel häufigere Wechsel, Neu- und Umorientierungen.

Eine wichtige Reaktion darauf, durch die technische Entwicklung ermöglicht, sind die sozialen Medien. Wir sammeln auf digitalem Wege oft Hunderte von Freunden (von denen wir nicht unbedingt alle schon mal gesehen haben). Wir teilen uns durch mehr oder weniger aussagekräftige Postings mit. Dabei reagieren wir durch Likes aufeinander und bewegen uns so in einer digitalen Kommunikationsblase. Doch neben allen Freuden des »facebook« – wann bleibt Raum und Zeit für die Begegnung »face to face«? Wann schauen wir einander in die Augen und hören wir aufeinander? Auf welche Weise nehmen wir Mitmenschen in der Einzigartigkeit ihrer Stimme, ihrer Körpersprache, ihres Erscheinungsbildes wahr? Wenn sich hier ein Mangel offenbart – und für nicht wenige Menschen ist es so – dann ist Handlungsbedarf angesagt. Die Begegnung mit anderen Menschen ist digital nicht zu ersetzen. Da die sozialen Bezüge aber viel lockerer und wechselhafter geworden sind, bedarf es größerer Aufmerksamkeit für reale soziale Kontakte. Sie erfordern unser Engagement, einen bewussten Schritt unsererseits. Begegnungen mit Mitmenschen – so seltsam es auch klingen mag – müssen heutzutage häufig »inszeniert«, gezielt herbeigeführt werden.

In vielen Städten gibt es mittlerweile Stadtteilaktivitäten mit breiter Angebotspalette, um Menschen, die zunächst nur durch die gemeinsame Wohnregion verbunden sind, auch zusammenzuführen. Es liegt am Einzelnen, ob er sich davon fernhält oder der einen oder anderen Initiative, vom Stammtisch bis zum Spieleabend, vom Generationentreffpunkt bis zur sportlichen Aktivität, anschließt.

Vereinszugehörigkeit war in früheren Strukturen oftmals fast ein Erbgut. Manchmal trafen sich drei Generationen einer Familie in Sport-, Musik-, Schützenvereinen oder der Feuerwehr. Auch dies ist nicht mehr selbstverständlich. Doch andererseits haben sich die Möglichkeiten sozialer Treffpunkte über die traditionellen Vereine hinaus erweitert: Bürgerinitiativen und Projektchöre, Selbsthilfe-, Eltern- und Landschaftspflegegruppen und vieles mehr.

An Angeboten mangelt es nicht. Doch sie kommen häufig nicht zum Einzelnen, sondern jede*r ist gefragt. Eigeninitiative ist erforderlich, um mit anderen Menschen zusammenzukommen. Die Gemeinschaft mit anderen Menschen, die so hilfreich und wichtig sein kann, muss auch von mir gesucht und geplant werden. Daraus können Begegnung erwachsen, die wie Haltegriffe im Alltag wirken. Sie lassen uns unterschiedliche Menschen erleben und weiten so unseren Horizont. Und zugleich können stärkende Verbindungen wachsen. Gerade in Zeiten hoher Belastung und Beanspruchung kann dies eine überaus hilfreiche Stütze sein.

Kollegialer Austausch

Die Kontakte und Beziehungen am Arbeitsplatz nehmen für viele Menschen einen großen Raum ein. Die Erfahrungen sind überaus verschieden: Am Arbeitsplatz entstehen enge Freundschaften und offene Rivalitäten. Wir erleben gegenseitige Unterstützung und quälendes Mobbing, gewachsene Mitmenschlichkeit und desinteressiertes Nebeneinander.

Viele Betriebe und Einrichtungen haben mittlerweile erkannt, dass ein gutes kollegiales Klima nicht nur eine erfreuliche Begleiterscheinung ist. Es spielt für die Qualität der Arbeit und die Gesundheit der Mitarbeiter*innen eine wichtige Rolle. Arbeitsmedizinische Untersuchungen stellten fest, dass eine konfliktgeladene Arbeitsatmosphäre stärker zu negativen Stresserfahrungen führt als eine hohe Arbeitsanforderung.

Immer wieder erleben wir, wie gut es tut, wenn ein aufgetauchtes Problem gemeinsam angegangen wird. Wie motivierend ist es, wenn viele an einem Strang ziehen. Wir erfahren auch, wie belebend ein offenes Gespräch im Kollegenkreis sein kann, wie hilfreich sich respektvoller und wertschätzender Umgang auswirkt. Gerade in Zeiten hoher Belastung und unerwarteter Problemstellungen stärkt uns der gegenseitige Austausch. Wir nehmen wahr, wie es den Einzelnen in der Situation ergeht und sehen, dass wir mit unseren Empfindungen nicht allein dastehen.

In einigen Berufsbildern gehört die fachlich angeleitete Gruppensupervision zur Arbeitswelt. Dabei werden Problemstellungen, subjektive Empfindungen und Lösungsstrategien gemeinsam ins Auge gefasst, ausgetauscht und besprochen. Gibt es solche Angebote, sollten wir sie auch nutzen.

Auch dort, wo diese professionellen Angebote nicht bestehen, können aber Anstöße zum kollegialen Austausch eine große Hilfe sein. Dies kann – je nach Arbeitsfeld – z. B. ein Jour fixe sein. Der kann dazu dienen, in regelmäßigen Abständen eine Bestandsaufnahme vorzunehmen und anstehende Fragen zu klären. Gemeinsame Ausgangspunkte können so entwickelt und Vorschläge zur Verbesserung der Abläufe eingebracht werden. Andere Arbeitsbereiche nehmen sich die Zeit für gemeinsame Fallbesprechungen, die abgestimmte Strategien ermöglichen und die Perspektiven der Einzelnen erweitern.

Nicht minder wichtig können informelle und gesellige Zusammenkünfte sein. Das gemeinsame Bier nach Feierabend, ein Ausflug mit Kolleg*innen, ein Konzertbesuch oder eine gemeinsame Aktion stärken das Miteinander. Ich kenne Kollegien, die ein- bis zweimal im Jahr gemeinsam kochen und einander dabei in ganz anderem Rahmen begegnen. Andere treiben einmal in der Woche gemeinsam Sport, vielleicht sogar in einem betrieblichen Gesundheitsmanagement. Manchmal raten Bequemlichkeit oder andere Gründe dazu, solche informellen Zusammenkünfte zu meiden. Doch dadurch entgehen uns vielleicht wichtige Chancen des besseren Kennenlernens und des zwanglosen Austausches.

Eine unausgesprochene Distanz kann dagegen ein erhebliches Unbehagen verursachen. Wird ein erster Schritt gewagt, dies anzusprechen und kollegiale Gemeinschaft zu ermöglichen, sind positive Empfindungen und neue Motivation möglich. Wo Menschen nicht nur gemeinsam arbeiten, sondern sich auch austauschen und verstehen, reduzieren sich Ängste bei aufkommenden Belastungssituationen. Es wächst die Zuversicht, anstehende Schwierigkeiten zu bewältigen. Die tägliche Arbeitswelt kann bei aller Sachorientierung so auch einen stützenden und bestärkenden Rahmen erhalten.

Vertraute Nähe

Kolleg*innen sucht man sich meist nicht aus. Die Abläufe der Arbeitswelt setzen dem Miteinander manche Grenzen. Anders ist dies in unserem persönlichen Umfeld. Die eigene Familie und der enge Freundeskreis sind besondere und mit vielen Gefühlen verbundene Beziehungswelten. Sie haben vorrangig keinen funktionalen Charakter und dienen keinem sachbezogenen Zweck. Sie schaffen einen Lebensraum vertrauter Begegnung und erfahrener Geborgenheit. In ihnen schöpfen wir viele tragende Kräfte.

Der Liedermacher und Dichter Wolf Biermann, dessen Ausbürgerung aus der DDR im Jahr 1976 ein geschichtsträchtiges Ereignis war, erzählte mir einmal, wie sehr es Absicht der staatlichen Sicherheitsbehörden (»Stasi«) war, das private Umfeld von Systemkritikern zu zersetzen. Sie wussten, dass sie damit an den Nerven der unliebsamen Gegner rührten. Die Verunsicherung im persönlichen Umfeld diente der Schwächung der Zielpersonen. Wo vertraute und enge Beziehungen gefährdet sind, verliert ein Mensch an Stärke und innerer Kraft.

Wir sind kaum Adressaten politischer Verfolgung, doch sorgen die Lebensumstände zuweilen dafür, dass die stärkenden Beziehungen leiden. Die Priorität beruflicher, ehrenamtlicher und freizeitbedingter Aktivitäten raubt oftmals die Zeit und die Intensität des Zusammenseins mit ganz nahen Menschen. Wie oft hören wir die Klage, dass vielbeschäftigte Menschen einfach zu wenig Zeit für die Familie finden. Bei bestimmten Anlässen entschuldigen sie sich dann pflichtbewusst und ein wenig verlegen dafür. Vertraute Kontakte führen nicht selten ein Nischendasein.

Doch das tut uns nicht gut. Die Nähe eines vertrauten Menschen ent-stresst in beeindruckender Weise. Das Zusammensein mit nahen Menschen, bei denen man sich nicht beweisen muss und denen man nicht unter den Spielregeln und Etiketten offizieller Zusammenkünfte begegnet, ist eine der ursprünglichsten Ressourcen. In der Gegenwart vertrauter Wegbegleiter darf man sein, wie man ist und sich auch so zeigen. Doch diese tiefe Verankerung gibt es nicht zum »Nulltarif«.

Die Kosten für diese Quelle sind nicht monetärer Art, sondern heißen »Zeit«, »Raum«, »Offenheit« und »Rücksicht«. Auch enge Bindungen können in oberflächlichen Formalitäten verlaufen. Sie können eine Gestalt annehmen, die nicht »nahrhaft« und stärkend ist. Das Gefühl von Geborgenheit und innerem Verständnis – das eine so fundamentale Krafterfahrung ist – wächst nicht im Zeitraffer und aus der bloßen Gegenwart mehrerer Menschen. Es erfordert ausreichend Zeit, die Bereitschaft ganz präsent zu sein und sich einzubringen, aber auch offen für die anderen da zu sein.

Vernachlässigen wir diese Pflege enger Bindungen über längere Zeiträume, droht deren Verflüchtigung. Dies führt zu einer Verarmung an stärkender Erfahrung und einer wenig ergiebigen Routine. Oft verläuft dies schleichend und lange unbemerkt. Umso mehr sind unsere Wachheit und Aufmerksamkeit gefordert. In der heutigen Dichte der Lebensabläufe sind wir mehr und mehr herausgefordert, das ganz bewusst zu planen, was für unseren Kräftehaushalt wichtig ist.

Wir können immer wieder Zwischenbilanz ziehen und fragen, wann und wo die fixen Treffpunkte zur vertrauten Gemeinschaft in Familie und Freundeskreis sind. Achten wir ausreichend auf gemeinsame Unternehmungen, auf Mahlzeiten ohne Zeitdruck? Legen wir Wert auf ein abendliches Treffen ohne Unterhaltungsmedien, auf Einladungen lieber Menschen?

Die Pflege vertrauter Kontakte ist ein Akt großer Mitmenschlichkeit, aber auch Ausdruck einer wichtigen Selbstfürsorge.

Echte Gespräche

Zeitdruck und große Mobilität, Digitalisierung und Vielfalt der Anforderungen verändern die natürlichen Beziehungsformen zwischen Menschen. Zuweilen setzen sie ihnen auch erheblich zu. Das Gespräch als wichtige Grundform zwischenmenschlicher Begegnung ist davon nicht ausgenommen. Wir erleben Grundschulkinder, die nur noch wenige Sekunden auf einen anderen Menschen hören können. Wir können Paare beobachten, denen es »gelingt«, einen Abend lang in einem Restaurant zu sitzen, ohne dabei einen lebendigen Austausch zu pflegen. Mehr Zeit wird oft genug dem Smartphone gewidmet. Wie steht es um unsere Gesprächskultur? Eine Frage, die sich jeder für seine Lebenswelt in Ruhe stellen kann.

Dabei haben wir wohl noch nie so häufig und vielfältig kommuniziert. Schnell und rund um die Uhr, unkompliziert und mit rascher Resonanz, von nahezu jedem Ort aus. Die »Short Message« hat häufig zu einem stark verkürzten und formalisierten Austausch zwischen Menschen geführt. Emojis treten an die Stelle formulierter Sätze. Der direkte Austausch von Angesicht zu Angesicht wird an das Medium abgegeben, mit dessen Hilfe man die eigenen Mitteilungen vorüberlegen und korrigieren kann.

Begegnen wir uns im realen Leben, entsteht oft ein Austausch »über« etwas. Wir reden über das Wetter und die Politik, den Fußball und die Nachbarn, den Urlaub und allerlei anderes. Über etwas zu reden, erspart es mir, mich allzu persönlich einzubringen. Der Austausch findet in Bezug auf ein Objekt oder eine Sache statt. So ist es mir und den anderen möglich, Konversation zu betreiben, ohne viel voneinander zu erfahren.

In wichtigen persönlichen Begegnungen läuft diese Form an Kommunikation Gefahr, oberflächlich und austauschbar zu bleiben und zum »Small Talk« zu werden. Dann fehlt uns etwas.

Ein intensives Gespräch überwindet nämlich den Austausch über ein Objekt. Es wagt den Schritt, die Gesprächsteilnehmer selbst zum Gesprächsinhalt zu machen. Wenn Menschen beginnen, nicht über etwas zu reden, sondern sich einzubringen, von ihren Freuden und Ängsten, ihrem persönlichen Ergehen und ihren Erfahrungen zu sprechen, gewinnen Begegnungen von Mensch zu Mensch an Tiefe und Einzigartigkeit.

Solche Gespräche finden selten im Vorübergehen statt. Sie erfordern – wie so viele wichtige »Dinge« – Raum und Zeit. Vor allem aber schöpfen sie ihre Qualität aus der Bereitschaft der einzelnen Beteiligten. Nur wenn sie sich öffnen und einbringen, was sie bewegt, wie sie denken, welche Erfahrungen für sie wichtig sind, können intensive Gesprächssituationen erwachsen. Zugleich gehören die innere Offenheit und echtes Interesse für das Gegenüber dazu. Gelingt dies, erscheinen uns solche Erfahrungen oft wie ein großes Geschenk. Wir gehen aus persönlichen Gesprächen bereichert und erfüllt heraus.

Wenn wir sie erleben, schöpfen wir daraus viel Inspiration und Kraft. Wir spüren unmittelbar die Verbundenheit mit anderen Menschen, die Halt gibt. Wir erweitern unseren Horizont und unser Einfühlungsvermögen. Wir erkennen Übereinstimmungen und Differenzen und können dadurch unsere eigene Sichtweise klären und vertiefen. Wir dürfen erfahren, was es heißt, von anderen verstanden zu werden und andere zu verstehen. Wir begegnen dem Glück, nicht allein zu sein.

Wachsendes Verständnis ist aber ein ganz entscheidender Baustein für vertrauensvolle Beziehungen, die uns tragen und kräftigen. Tiefes Verständnis bedarf einer steten Erneuerung. Es lebt davon, dass der Gesprächsfaden mit Menschen, die uns nahe sind und die uns viel bedeuten, nicht abreißt. Ganz gewiss fällt jeder und jedem von uns in diesem Augenblick jemand ein, mit dem es schön wäre, wieder einmal in Ruhe ein ausgiebiges Gespräch zu führen.

Intimität und Berührung

Wussten sie schon
dass die nähe eines menschen
gesund machen
krank machen
tot und lebendig machen kann ...

So lautet der Anfang eines Gedichts des 2002 verstorbenen Priesters und Dichters Wilhelm Willms, das mich während all meiner beruflichen Tätigkeiten begleitet hat. Die Nähe von Menschen hat eine zutiefst heilsame und lebensunterstützende Bedeutung. Sie kann aber auch verletzend und vergiftend sein. Meist bedarf es einiger Lebenserfahrung, um eine Orientierung zu haben, zu welchen Menschen wir Nähe aufbauen und zulassen und welchen Menschen gegenüber wir eine schützende Abgrenzung entwickeln müssen.

Daher ist auch große Sorgfalt und Achtsamkeit geboten, wenn wir berührend auf andere Menschen zugehen. Nur wenn wir damit sensibel und mit der nötigen Zurückhaltung umgehen, entwickeln wir auch das Gespür, wann Berührungen erwünscht und angemessen sind.

Wenn Menschen uns zu nahekommen, die ihren Narzissmus ausleben, die uns benutzen und manipulieren, rauben sie uns Kräfte und Ressourcen. Aus solch bitteren Erfahrungen wächst dann manchmal auch die Neigung, sich prinzipiell abzugrenzen, Nähe nicht mehr zuzulassen, um nicht verletzt zu werden. Doch damit berauben wir uns auch einer wichtigen Stütze und stärkenden Lebenserfahrung.

Der Basissinn unserer Wahrnehmung ist der Tastsinn. Wir berühren schon im Embryonalstadium bevor wir hören und sehen. Mit der Haut als größtem Sinnesorgan beginnt unsere erste Selbstwahrnehmung und unsere erste Kommunikation. Vom Hautkontakt unmittelbar bei der Geburt bis zur gehaltenen Hand am Sterbebett kann die intime Berührung Geborgenheit und Beruhigung, Bindung und Liebe vermitteln.

Eine vertraute Umarmung, eine gereichte Hand, eine liebevolle und aufmunternde Berührung, ein ehrliches Streicheln – das sind Grunderfahrungen, die unser ganzheitliches Menschsein berühren. Sie gehen buchstäblich »unter die Haut«. Sie wirken sich unmittelbar auf den Hormonhaushalt aus, auf die Herzfunktion und den Stoffwechsel. Sie lösen körperliche und seelische Reaktionen aus.

Wir alle wissen, das ist nur in ganz vertrauten Beziehungen wirklich möglich. Distanzloses Betatschen, achtloses Schulterklopfen oder gar grenzüberschreitende Berührungen bis hin zum Missbrauch sind davon scharf zu unterscheiden und bedingungslos abzulehnen. Doch dort wo Beziehung in gegenseitigem Vertrauen gewachsen ist, entfalten vertraute und wohltuende Berührungen eine lebensfreundliche Kraft.

Sie gehen weit über gesprochene Worte und Versicherungen des Miteinanders hinaus. Sie können uns auch da noch erreichen, wo kein Wort mehr eine Wirkung erzielt und Sprachlosigkeit herrscht. Doch mitunter geraten sie auch etwas in Vergessenheit oder werden zur Routine, zur oberflächlichen Geste. Das »Touchpad« erfährt oft mehr Berührung, als das eigene Kind, der/die vertraute Partner*in. Das sollten wir nicht zulassen.

Der ehrlich gemeinte Handschlag zur Begrüßung von Menschen, die wir schätzen, ist mehr als ein lapidares »Hallo«. Der Ausdruck von Wertschätzung durch eine Berührung am Arm und die freundschaftliche Umarmungsgeste berühren uns nicht nur äußerlich. Der Kuss und das gemeinsame Kuscheln verändern unser Empfinden zutiefst. Die Sprache der Berührung kann je nach Vertrautheit eine unterschiedliche Gestalt annehmen und will wohl überlegt sein. Doch wir sollten sie keinesfalls verlernen und ihr möglicherweise wieder etwas mehr Beachtung schenken. Wir werden buchstäblich »spüren«, welche Stärkung davon ausgehen kann.

»Ohne Nähe und Berührung können wir nicht leben«

Im Dialog mit Prof. Dr. med. Bruno Müller-Oerlinghausen

Prof. Dr. Bruno Müller-Oerlinghausen blickt auf Jahrzehnte intensiver wissenschaftlicher und klinischer Arbeit als Hochschullehrer und Facharzt zurück. Als Professor für Klinische Psychopharmakologie und Leiter einer Spezialambulanz für depressive Patient*innen an der Freien Universität Berlin war auch die medikamentöse Suizidprävention ein Forschungsschwerpunkt. Lange Jahre war er Vorstandsvorsitzender der Arzneimittelkommission der deutschen Ärzteschaft, sein Publikationsverzeichnis umfasst über 600 Veröffentlichungen.

Seit 1998 erforscht er intensiv die Wirksamkeit der Slow-Stroke-Massage® bei Depression, gemeinsam mit Gabriele Mariell Kiebgis veröffentlichte er das Buch »Berührung – warum wir sie brauchen und wie sie uns heilt« (Berlin 2018).

Was bewegt einen Wissenschaftler, der lange Jahre die Wirkungen von Psychopharmaka untersuchte, die scheinbar so ganz andere Perspektive heilsamer Berührungen in den Vordergrund zu stellen. Seine Antwort kommt ohne Zögern und klar: »Als Wissenschaftler bin ich verpflichtet, die Ergebnisse meiner Arbeit fortwährend zu überprüfen. Ich sah, was Psychiatrie und Psychotherapie leisten, aber auch, was sie nicht erbringen. Und da ergaben sich für mich offene Fragen und der Wunsch, nach einer erweiterten Behandlungsperspektive seelisch belasteter und kranker Menschen zu suchen.«

Seine praktische Arbeit mit depressiven Patienten motivierte ihn, unkonventionelle Wege zu gehen, die in der Wissenschaftswelt natürlich kritisch beobachtet wurden. »Eine der schlimmsten Erfahrungen in der Depression ist die Anhedonie, die Unfähigkeit, einen sonst als angenehm willkommen erscheinenden Reiz z. B. gutes Essen, schöne Musik oder die Sinne erfüllender Sex als etwas Positives,

Schönes zu fühlen. Das brachte mich auf den Gedanken, den Weg der Berührungen, dem ich schon früher begegnet war, auszuprobieren. Ich machte mich daran, die Wirkungen in einer kontrollierten Studie zu untersuchen.«

Schon Ende der 1960er Jahre baute er ein Labor zur Untersuchung der traditionellen thailändischen Medizin auf. Dazu hatte ihn ein Aufenthalt in Thailand inspiriert, wo er als Mitarbeiter und pharmakologischer Experte eines Entwicklungsprojektes der deutschen Bundesregierung tätig war. In dieser Zeit lernte er auch die wohltuenden, ja, heilenden Wirkungen verschiedener japanisch-thailändischer Massageverfahren kennen. Daraus entwickelte sich ein wachsendes Interesse an der Wirkweise ganzheitlicher Massagen. Prof. Müller-Oerlinghausen greift auf vorliegende Studien zurück, sieht dabei wichtigen weiteren Bedarf und hat daher auch selbst intensiv geforscht und Studienergebnisse veröffentlicht (so z. B. die sogenannte SeSeTra-Studie „***Se***rielles-***Se***nsibilisierungs-***Tra***ining" 2004 in der Deutschen Medizinischen Wochenschrift). Dabei gelang es, den Berührungsfaktor zu fokussieren und in seiner Wirksamkeit aufzuzeigen.

Den Ertrag psychoregulierender Berührungen bei der Therapie depressiver Patienten sieht der Wissenschaftler durch diese Studie und weitere wissenschaftliche Untersuchungen aus dem Ausland belegt. Die vielfach ermutigenden Ergebnisse sind ihm Anlass, diesen Weg wissenschaftlich weiter zu vertiefen und in die praktische Therapiearbeit einzubringen.

Zentraler Ausgangspunkt für den Wissenschaftler ist der Tastsinn als Basissinn des Menschen, der erste entwickelte Sinn und als einziger Sinn des Menschen unverzichtbar und lebensnotwendig. Die Bedeutung der Berührung ist in der Tierwelt vielfach zu beobachten. Denken wir nur an das intensive Lecken der Jungen bei Säugetieren. »Berührung ist die Urkommunikation des Menschen, der exzentrisch, also ein Wesen des Bezugs ist. Ohne Kommunikation sind wir gar nicht Mensch und die wurzelt eindeutig in der Berührung.« Da Berührung das Fundament des Bezugs zur Welt ist, lange vor der Sprache, liegt es auf der Hand, dass der Mangel an Berührung einen enormen Einfluss auf die seelische Gesundheit einer Person hat. »Davon können Kinderärzte vielfältig berichten.« Auch bei der Betrachtung der Geschichte schwerkrimineller und gewalttätiger Menschen fällt häufig ein Mangel an zärtlicher Berührung und Geborgenheit in Kindheit und Jugend auf. Prof. Müller-Oerlinghausen sieht es als gesichert an, dass Berührungsmangel mannigfache Auswirkungen auf die seelische Gesundheit hat.

Bezogen auf die Stressthematik betont Bruno Müller-Oerlinghausen die Gefährdung, die von chronischem Stress ausgeht. »Während akuter Stress unter Umständen lebenserhaltend, also notwendig sein kann, ist chronischer Stress für Tier und Mensch bedrohlich.« Er spricht dabei vom Verlust der Kohärenz, einem Auseinanderfallen des inneren und äußeren Lebens. Wir stehen vor der Erfahrung, dass die Lebensteile nicht mehr zusammenpassen. »Wer nicht kohärent ist, der hat auch keine ausreichende Resilienz.«

In der Situation chronischen Stresses können nach seiner Einschätzung sensitive Verfahren, die eine positive leibliche Erfahrung eröffnen, eine wichtige Möglichkeit der Hilfe sein. In einer »positiven Wiederbelebung der Sinne« sieht er in Übereinstimmung mit dem Neurobiologen Gerald Hüther einen wichtigen Ansatz für den Aufbau einer stabilen Resilienz, eine wirksame Möglichkeit, der Anhedonie vorzubeugen. »Heilsame Berührungen stärken die Resilienz, weil sie die Kohärenzerfahrung steigern können.«

Aus dieser Perspektive sollten wir auf eine bewusste Sinnlichkeit im Alltag unbedingt achten. In der Reizüberflutung und ständigen Beanspruchung der Sinne liegt ein Stressfaktor. So, wie eine inhaltsleere Mechanisierung der Sinne gerade im Bereich der Berührungen unpassend, störend und sogar verletzend werden kann, so liegt in einer behutsamen und achtsamen Grundhaltung eine große Möglichkeit hilfreicher Erfahrungen.

Prof. Müller-Oerlinghausen berichtet von Beobachtungen seiner Co-Autorin Gabriele Mariell Kiebgis bei der Arbeit mit Menschen mit Behinderungen und mit Senioren. Durch diskrete und akzeptierte Berührungen wird eine authentische Kommunikation belebt. So kann eine bedeutsame Quelle von Lebensfreude erschlossen werden. Diese Erfahrung gilt es im Alltag immer wieder zu ermöglichen.

Der Gedankenkreis weitet sich zum Ende unseres Dialogs auch auf eine spirituelle Ebene hin. »Was passiert, wenn Jesus Menschen heilt?«, fragt der Mediziner, Naturwissenschaftler und evangelische Christ. Er sieht Jesus nicht als schamanischen Heiler, sondern als Garanten und Vermittler des Treuebundes Gottes mit den Menschen. In diesem Bund kann der Mensch Geborgenheit und Sinn finden. Um dies erfahrbar zu machen und zu verdichten, spielt die Berührung durch Jesus offensichtlich eine hervorgehobene Rolle. Durch sie wird sichtbar, wie tiefgreifende Leiden der Menschen überwunden werden können.

Was ich im Alltag versuchen kann

Der »private« Jour fixe

Stundenpläne, Arbeitszeiten, Hobbies, Vereinsleben führen oft dazu, dass natürliche Begegnungsformen im ganz privaten Kreis, z.B. in der Familie, oft nur noch schwer möglich sind. Es kann nötig sein, dieser möglichen Entfremdung tatsächlich einen »Jour fixe« entgegen zu stellen. Dies kann je nach Situation unterschiedlich aussehen:

- Welche Mahlzeit in der Woche halten wir uns alle frei, um gemeinsam am Tisch zu sitzen und uns in Ruhe auszutauschen?
- Welche gemeinsame Wochenendaktion (Brunch, Spaziergang, Schwimmbad, Ausflug) gestalten wir zum Ritual, sodass sie zur festen Regel wird?
- Können wir am Wochenende mit Blick auf die kommende Woche einen gemeinsamen freien Abend fixieren, an dem wir uns im Freundeskreis treffen, in der Familie zusammenkommen, sicherstellen, dass wir mit vertrauten Menschen zusammen sein können?
- Wann ist das tägliche Ritual möglich, mich mit dem engst vertrauten Menschen auszutauschen?

Meine »soziale Landkarte«

Es kann aufschlussreich sein, das eigene Beziehungsfeld zu überblicken und sichtbar zu machen:

- Lebensraum, Arbeitswelt und privates Umfeld in den Blick nehmen und voneinander unterscheiden.
- Die sozialen Verbindungen beschreiben und benennen, bewusst machen, welche Begegnungsformen bestehen.
- Möglichkeiten hilfreicher Begegnungen entdecken – was ich mir wünsche, was ich mir vorstellen könnte, was in den einzelnen Bereichen erweitert möglich wäre.
- Einen konkreten Schritt planen (z. B.: Kennenlernabend bei einem Verein, privates Treffen mit Kollegen, Wochenende mit Familienangehörigen, Ausflug mit alten Freunden ...)

Die soziale »To-do-Liste«

Schnelllebigkeit und Routine ersticken oft lebendige Sozialkontakte. Man möchte sich mit jemandem treffen, verschiebt es aber Woche für Woche. Man fragt sich, wie es jemandem wohl geht, aber nie nimmt man Kontakt auf. So versickern kostbare Beziehungen. Dem können wir begegnen, wenn wir regelmäßig für uns festhalten, welche Schritte zum Erhalt und zur Vertiefung unserer Beziehungen wir gezielt gehen wollen.

- Wen will ich in der kommenden Woche (privat) anrufen, bei wem mich wieder mal melden? Wann kann ich das tun?

oder

- Mit wem möchte ich mich in absehbarer Zeit zu einem Kaffee, einem Feierabendbier etc. treffen? Wie kann ich das vereinbaren? Telefonisch, schriftlich, persönlich?

oder

- Wen sollte ich mal wieder besuchen? Wann wäre es möglich?

oder

- Welche gemeinsame Unternehmung mit Familie und Freunden möchte ich gerne planen? Wen spreche ich als erstes an? An welche Zeit denke ich?

So viele »Schätze«

Wir neigen zu zwischenmenschlichen Wertungen und laufen dabei Gefahr, vielen Menschen einseitig oder mit defizitärer Sicht zu begegnen. Dabei ist es so schön zu entdecken, wie vielfältig doch der »Schatz« der Menschen sein kann, die uns umgeben. Es hilft, wertschätzende Aussagen ganz konkret mit Namen füllen:

Mit ______________________________ kann ich unbeschwert lachen.

____________________ hört so aufmerksam und anteilnehmend zu.

Wenn ich ____________________________ etwas anvertraue,

weiß ich sicher, dass es bei ihr/ihm bleibt.

Wenn ich praktische Ratschläge für den Alltag brauche,

ist ____________________________ stets ansprechbar.

Auf __________________________ kann ich mich garantiert

verlassen.

Mit ____________________________ teile ich viele Interessen.

Bei __________________________ spüre ich, dass sie/er ehrlich

ihre/seine Meinung sagt.

Zusammensein mit __________________________ strengt mich

überhaupt nicht an.

Zum Weiterlesen

Bauer, Joachim: Wie wir werden, wer wir sind. Die Entstehung des menschlichen Selbst durch Resonanz, München 2019

Lehofer, Michael: Mit mir sein. Selbstliebe als Basis für Begegnung und Beziehung, Wien 2017

Müller-Oerlinghausen, Bruno und Gabriele Mariell Kiebgis: Berührung. Warum wir sie brauchen und wie sie uns heilt, Berlin 2018

Strüber, Nicole: Die erste Bindung. Wie Eltern die Entwicklung des kindlichen Gehirns prägen, Stuttgart 2016

Tischinger, Michael: Jeder Tag ist ein geschenktes Leben. Schritte der Achtsamkeit, Freiburg i.Br. 2013

Für das Leben – jeden Tag!

Meine Zeit ...

Jedes Menschenleben verläuft in der Zeit und dauert eine unbestimmte, aber begrenzte Zeit. Zeit ist eine entscheidende und vorgegebene Dimension des Daseins. Jeder Augenblick ist einmalig, unwiederholbar. Zeit vergeht, wird subjektiv verschieden erfahren, zwischen lähmender Langeweile und unglaublicher Geschwindigkeit.

Das Verhältnis zur Zeit und den damit verbundenen Rhythmen unterlag in der Menschheitsgeschichte häufigem Wandel. Der ursprüngliche Rhythmus zwischen Sonnenaufgang und -untergang hat sich durch die Elektrifizierung völlig aufgelöst und wird heute nur noch belächelt. Der Tag-Nacht-Rhythmus ist einer globalisierten Arbeitswelt mit Dreischichtbetrieb und 24-Stunden-Bereitschaften kein Rahmen mehr. In einer digitalisierten Gesellschaft mit dauerhafter Erreichbarkeit und unbegrenztem Zugriff auf Informations- und Unterhaltungssysteme variieren die Rhythmen maximal.

Zeitmangel und Zeitdruck werden in vielen Lebensbereichen beklagt. Der Blick auf die Uhr und in den Terminplaner gehört zur Alltagsbewältigung. Zeitmanagement ist zu einem eigenen Wirtschaftszweig geworden. Oft mit dem Resultat, dass auch die letzten unverplanten Zeitbiotope noch effektiv ausgefüllt werden. Noch vorhandene Zeitkontingente werden wie eine Zitrone bis auf den letzten Tropfen ausgepresst. Im Erleben und Gestalten von Zeit hat sich ein umfassender Klimawandel vollzogen.

Mit Jeffrey Hall, Michael Rosbash und Michael Young erhielten im Jahr 2017 drei Chronobiologen den Nobelpreis für Medizin. Die Betrachtung von Zeit und Rhythmus in Biologie und Medizin erlebte damit einen starken Aufschwung. Schlafmedizin und Arbeitsmedizin, die schon lange auf diese Bereiche des menschlichen Lebens blickten, erhielten neue Impulse.

So zeigen uns viele Forschungsergebnisse auf, dass bei aller Beschleunigung und scheinbaren zeitlichen Entgrenzung der Mensch in seiner Biologie und in seinem Seelenleben doch stark mit Rhythmen im Zusammenhang zu sehen ist. Uns ist eine »innere Uhr« zu eigen und ein fortwährendes Missachten zeitlicher Grundabläufe kann unser Wohl gefährden. Unser Stoffwechsel arbeitet nachts anders als tagsüber und auch die jahreszeitlichen Einflüsse auf viele wichtige Lebensbereiche sind nicht zu übersehen.

Zahlreiche Untersuchungen belegen dies beispielsweise im Bereich der Schichtarbeit und bei Menschen, die sich regelmäßig über Zeitzonen hinwegbewegen. Gut erforscht sind auch die Beschwerden vieler Menschen und nachweisliche Probleme wie zunehmende Verkehrsunfälle bei der regelmäßigen Zeitumstellung im Frühjahr und im Herbst.

Zeit ist eine Grundbedingung unseres Lebens und unser Umgang mit dieser Ressource wirkt sich auf unsere ganzheitliche Grundverfassung aus. Diese Einschätzung ist wissenschaftlich gesichert. Sie gründet auch darauf, dass uns jeder Augenblick, jede erlebte Zeit einmal gegeben ist und vergeht. Diese Einmaligkeit verweist auf ein kostbares Gut, eine Ressource von herausragender Bedeutung.

So ist jede und jeder herausgefordert, die eigenen zeitlichen Abläufe aufmerksam und in aller Ruhe zu betrachten. Jede und jeder sollte sozusagen eine ganz persönliche »Zeitlupe« anfertigen und den eigenen Umgang mit der Zeit ganz genau und in seinen einzelnen Teilen anschauen. Diese »Zeitlupe« kann Ausgangspunkt sein, Zeitverluste deutlich zu erkennen. Sie verschafft uns Klarheit darüber, wofür viel – und oft vielleicht viel zu viel – Zeit aufgewandt wird und wofür keine oder zu wenig Zeit bleibt. Uns kann möglicherweise bewusst werden, dass ein Ablauf den anderen ablöst, aber eigentlich kaum eine freie Zeitnische bleibt. Ein kritisches und ehrliches Zeitprotokoll kann Anlass für wichtige Schritte sein.

Im Rhythmus leben

Zellen sind rhythmisch – das ist eine einfache und doch folgenreiche Erkenntnis der Chronobiologie. Ihre Aktivitäten und ihr Stoffwechsel laufen in messbaren Grundrhythmen ab und sie reagieren auf externe Rhythmen. Im Laufe eines Tages und im Laufe des ganzen Lebens spielen Rhythmen eine bedeutsame Rolle. Sie zeigen sich in den Abläufen von Atem und Herzschlag, von Aktivität und Schlaf, von Essen und Verdauen. Sie sind uns selten bewusst und beeinflussen uns doch stetig und mit großer Auswirkung. Werden die Rhythmen dauerhaft durchbrochen oder ständig gestört, können wir Schaden erleiden, dafür gibt es viele Untersuchungen.

Unterschiedliche äußere Einflüsse machen es uns nicht leicht, einen Tag und eine Woche rhythmisch zu gestalten. Die Verdichtung der Arbeitswelt, die ständigen Möglichkeiten um uns herum, die permanente Erreichbarkeit und Kommunikationsmöglichkeiten wirken sich auf unsere zeitlichen Abläufe zuweilen wie Häcksler aus, die nur noch kleine Bestandteile zurücklassen, die in keinem Zusammenhang mehr stehen.

Und doch haben wir die Möglichkeit und die Freiheit, an kleinen Stellschrauben die Rhythmik in unserem Alltag zu verbessern. So können wir stärkende und schützende Impulse an unseren Organismus als Ganzheit geben.

Wir wissen heute, dass wir bis in den Schlaf hinein biologische Rhythmen von etwa 90 Minuten durchleben. Im Wachzustand ist es angezeigt, entsprechend Pausen einzuhalten, weil sonst Leistungsvermögen, Konzentration und gegenseitige Achtsamkeit absinken. Angesichts dieses Wissens liegt es an uns, im Tagesablauf nach Möglichkeit die nötigen Pausen einzuplanen und seien es nur kurze Unterbrechungen.

Diese sollten dann wirklich Veränderung bringen und den Ablauf unterbrechen. Der Sitzende erreicht dies durch gezielte Bewegung, der stets Aktive hingegen eher im Sitzen oder Ausruhen. Wer allein und konzentriert arbeitet, findet Unterbrechung im kurzen Pausenplausch mit Kollegen, wer intensiv im Team arbeitet, bevorzugt möglicherweise kurz das Alleinsein. Die Schlafforscher ermutigen uns heutzutage durchaus zu einem kleinen Mittagsschläfchen, doch für manche kann es auch die Tasse Espresso in freier Natur, das Schlendern durch einen Park oder auch eine Einkaufsstraße sein.

Die rhythmische Tagesgestaltung greift über den Arbeitstag hinaus. Wie beginnen und beschließen wir den Tag? Gibt es morgens eine Zeit der Einstimmung, der Sammlung und abends einen Rückblick, einen Abschluss? Kennen wir in unserem Alltag wiederholende Rituale, die guttun und wichtige Punkte unseres Tages begleiten? Wechselt die Anstrengung eines Arbeitstages mit ausgleichender Freizeit? Oder bleiben wir auch dann im ähnlichen Aktionsmodus? Finden wir in unserem Tagesablauf eine »Melodie«, in der das Tempo und die Lautstärke wechseln? Oder ist alles exakt getaktet, minutiös geplant und verläuft in strengen Abläufen?

Ähnliche Fragen können wir uns mit Blick auf den Wochen- und Jahreslauf stellen. Sind alle Tage Werktage, oder gibt es auch vom Gefühl her die Tage, an denen wir uns unserem Wohlbefinden zuwenden? Tage, auf die wir uns freuen, an denen wir spüren, dass der Druck nachlässt? Lebensfreundliche Rhythmen kennen Tage (und auch Wochen), an denen wir nichts vorhaben, ohne Termine und Verpflichtungen leben. Wir können uns einfach dem widmen, was unser Bedürfnis ist.

Aber sehr häufig ist das Gegenteil zu beobachten: Auch die Wochenenden sind eng terminiert. Die Freizeit verfolgt Stundenpläne, das Veranstaltungsprogramm und die Vorhaben geraten zum Stress. Urlaubswochen werden vollgepackt mit detaillierten Reiseplänen und anstrengenden Programmen. Andere Zeit- und Klimazonen und kraftraubende Vorhaben sorgen dafür, dass der Stresspegel aufrechterhalten wird. Wie wohltuend sind dann Tage, wo all das ruhen darf und intensive zeitliche Abläufe im Wechsel mit wirklich freier, selbstbestimmter Zeit stehen? Wir können im Alltag mit der nötigen Aufmerksamkeit dafür sorgen und es wird uns guttun.

Tierversuche zeigen, dass bei Stilllegung des Rhythmusgenes schwerwiegende gesundheitliche Schäden auftreten. Wir Menschen sind hier mit Sicherheit flexibler und anpassungsfähiger. Doch wir sollten die hilfreichen Kräfte wirken lassen, die von lebensfreundlichen Rhythmen unbestritten ausgehen.

Zeit »nehmen« und Zeit »lassen«

Das Tier lebt in seiner Instinktbindung in fest gefügten Abläufen. Die Katze überlegt sich nicht am frühen Abend, wann sie auf Jagd geht, sondern folgt ihrem Trieb. Der Hund sucht sich nicht das freie Viertelstündchen für seinen Mittagsschlaf, sondern kennt seine Ruhephasen.

Auch wir unterliegen Abläufen, die nicht jederzeit abzuändern sind: Stoffwechsel, Aktivitäten des Nervensystems und Wachstumsphasen steuern unseren Organismus. Arbeitszeiten, Stundenpläne, Verpflichtungen und Terminfestlegungen schaffen soziale Vorgaben, denen wir nicht beliebig entkommen können.

Aber wir Menschen haben eine herausragende Möglichkeit, die sich von den anderen Geschöpfen unterscheidet: Wir können uns »Zeit nehmen« und wir können uns »Zeit lassen«. Beides sind Ausdrucksformen menschlicher Freiheit und Handlungsmöglichkeit. Sie eröffnen uns individuelle Freiräume und können eine hohe soziale Qualität haben.

In einem dichten Tages- oder Wochenprogramm kann ich planend und vorausschauend eingreifen. Ich kann einen Zeitpunkt festlegen, den ich mir für etwas »nehme«, was mir guttut, woran ich Freude finde und was mir wichtig ist. Manchmal kann dies eine kurze Erholungspause sein, manchmal auch ein ausreichend langer Zeitraum, um seine heilsame Wirkung zu spüren.

Durch diesen »Eingriff« in meine zeitlichen Abläufe erfahre ich mich als handelnde Person und nicht nur getrieben von äußeren Bestimmungen. Ich nehme mich selbst als Akteur meines Alltags wahr und durchbreche damit die fremdbestimmten Vorgaben. Ich begegne damit einem bedeutsamen Stressfaktor: dem Kontrollverlust. So schaffe ich nicht nur Raum und Zeit für wichtige Selbstfürsorge, sondern vermag auch das Bewusstsein für meine Lebenswirklichkeit zu verändern.

An wichtigen Punkten meines Tages und meiner Woche kann es erforderlich ein, die zeitlichen Rahmenbedingungen spontan abzuändern. Ein Kind hat möglicherweise schulische Probleme und bedarf am Abend meiner Zuwendung, auch wenn ich dringend etwas anderes erledigen sollte. Ein*e Kolleg*in ist von einem persönlichen Problem geplagt und ich spüre, wie wichtig ein verständnisvolles Gespräch jetzt sein kann. In solchen Situationen kann ich mir ungeplant Zeit »lassen«. Möglicherweise erfordert dies, andere Dinge zu verschieben oder verstärkt zu improvisieren. Doch gerade diese Freiheit kann zu einem wichtigen Ausdruck von Menschlichkeit werden. Wir machen die Erfahrung, nicht nur zu funktionieren, nicht nur versachlichten Programmierungen zu folgen, sondern unsere ganz eigene Gestaltung des Lebens zu gewichten. Diese Erfahrung von Selbstwirksamkeit stärkt und ermutigt uns.

Auszeit ist Auszeit

Multitasking ist zum bekannten Begriff geworden. Es gilt als Sinnbild des vielseitigen, zur selben Zeit auf verschiedenen Schauplätzen agierenden Menschen. Die Neurowissenschaften weisen darauf hin, dass Multitasking als parallele Bewältigung komplexer Aufgaben durch die Anatomie des Großhirns kaum möglich ist. Telefonieren und Lesen einer Mail wird nicht zeitgleich bewältigt, sondern in kurzen zeitlichen Abfolgen mit erhöhter Fehlerquote und Störungen in den neuronalen Prozessen. Gleichwohl wird uns multifunktionales Alltagshandeln abverlangt. In der persönlichen Lebenswelt agieren wir entsprechend. Die Tasse Kaffee wird am Computer getrunken und zugleich können wir Mails abarbeiten und dabei noch einen wichtigen Anruf mit Freisprechanlage erledigen. Mit dem Knopf im Ohr lässt sich beim Joggen ein Vortrag anhören und der Terminplan für den nächsten Tag entwerfen. Neben dem Herd liegt die »To-do-Liste«. Wir schmecken ab, rühren um, notieren Einkaufszettel, planen Termine, hören die Mailbox ab und halten fest, was wir davon nicht vergessen sollen. Nicht immer ein bekömmliches Gericht.

Angesichts der unzähligen Optionen, die sich unentwegt bieten und in der Vernetzung so vielfältiger Tagesabläufe wird die echte Auszeit immer schwieriger. Ständig bewegen wir uns in Grenzüberschreitungen. Wir mischen das eine mit dem anderen, unterbrechen zwar die Arbeit, aber dies »nützen« wir dann gleichzeitig für andere Dinge. So verhindern wir oft selbst, dass wir Tempo aus dem Alltag nehmen und unserer Seele die Chance geben, wieder aufzuholen.

Wenn für unsere rhythmischen Abläufe die Pause wichtig ist, dann setzt dies aber auch voraus, dass die Auszeit wirklich eine Auszeit ist. Wir treten her*aus aus* den vorherigen Abläufen und schalten *aus,* was uns ablenkt und zusätzlich beansprucht. Auszeit heißt auch Abgrenzung. Sie gewinnt ihre besondere Qualität nur dann, wenn sie ihren eigenen Charakter hat und nicht mit den anderen Tagesabläufen verschwimmt.

Wenn wir uns im Tagesablauf eine Tasse Kaffee gönnen – warum leisten wir es uns dann nicht auch, in diesen fünf Minuten gar nichts anderes zu tun? Wenn wir zwischendurch die Beine hochlegen – warum müssen dann vom Smartphone Nachrichten unterschiedlichster Art auf uns einströmen? Wenn wir im Garten das Wachstum der Pflanzen betrachten – warum brauchen wir dann Kopfhörer oder ein begleitendes Telefongespräch? All dies sind Gewohnheiten, die wir leicht abstellen können. Vorausgesetzt, dass wir die Unterbrechungen im Tagesablauf bewusst planen, einhalten und auch genießen.

Wann erlauben wir unseren Sinnen, unserem Gehirn und unserem Körper echte Auszeiten? Eine entspannende Langeweile? Nichts anderes tun, an nichts anderes denken, einfach unterbrechen – können wir das noch? Wir können sofort beginnen, es wenigstens zu üben.

»Gute Nacht«

Wir alle wissen, wie heilsam ein guter Schlaf sein kann. Kranke Kinder schlafen sich gesund und wir fühlen uns am Morgen nach einer guten Nacht wie neugeboren. Zugleich gehören Schlafstörungen zu den meistgenannten Beschwerden in Deutschland, rund 30 Prozent der Bundesbürger klagen darüber. In den letzten Jahrzehnten, als die Schlaflabore Einzug in das Gesundheitswesen hielten, wurde der Schlaf vertieft erforscht und in seiner Bedeutung verstärkt wahrgenommen. Heute wissen wir, dass anhaltende Schlafstörungen erhebliche Risiken bergen. Dazu zählen Herz-Kreislauf-Erkrankungen und eine erhöhte Diabetesgefährdung, Übergewicht und Schwächung des Immunsystems, aber auch depressive Prozesse. Heute kennen wir die Architektur des nächtlichen Schlafes. Daher können wir auch einige wichtige Voraussetzungen bzw. Gefährdungen eines gesunden Schlafes benennen.

In vier etwa 90-minütigen Zyklen verläuft der Schlaf in mehreren Phasen, wobei, unterstützt vom Ruhehormon Melatonin, mehrere Tiefschlafepisoden zur wirklichen Erholung führen. Besonders wichtig ist dabei die erste Tiefschlafphase. In ihr arbeitet das Immunsystem des Körpers so aktiv, wie zu keiner anderen Zeit des Tages.

Das komplexe Problem von Schlafstörungen kann nicht durch ein paar einfache Regeln gelöst werden. Es lassen sich jedoch einige häufige Störfaktoren schnell benennen: Hoher Alkoholkonsum, schweres und spätes Essen, aufwühlende Tätigkeiten, hohe sportliche Anstrengung zu später Stunde – all das erhöht das Risiko, dass gesunder Schlaf beeinträchtigt wird.

Vor allem der lange Medienkonsum, der Blick auf die LED-beleuchteten und damit auf Blaulicht basierenden Bildschirme, ist in den letzten Jahren zunehmend kritisch betrachtet worden. Blaulicht aktiviert die Neuronen und vermittelt dem Gehirn Impulse des beginnenden Tages. Dies bremst den Aufbau von Melatonin. Damit erhöht sich die Wahrscheinlichkeit, dass sich der Tiefschlaf nicht ausreichend entfalten kann.

Wir haben die Möglichkeit, auf die Umgebung unseres Schlafes zu achten und den Übergang in die Schlafphase verträglich zu gestalten. Das beginnt bei einem gut belüfteten Raum, nicht überheizt, ohne Unterhaltungsmedien und Lebensmittelvorräte. Der Verzicht auf grelle LED-Lichter und eine gute Ausstattung an Matratze und Decken sind ebenfalls hilfreich. Warum da sparen, wo wir ein Drittel unserer Lebenszeit verbringen? So können machbare Maßnahmen schon ganz erheblich zu einer Verbesserung des Schlafs beitragen. Ein beruhigender Tagesabschluss trägt das seine dazu bei. Es sollte keine große Überwindung sein, die letzte halbe Stunde in keinen Bildschirm (auch nicht in den des Smartphones) zu schauen und langsam buchstäblich »abzuschalten«. Ein warmer Tee oder ein gutes Glas Rotwein, eine beruhigende Lektüre oder ein schöner Bildband oder auch einfach ein Blick in die Natur und auf den Sternenhimmel im Sommer beziehungsweise in das Kaminfeuer im Winter sind wirksame Hilfsmittel, behutsam herunterzufahren.

Ein hilfreiches Ritual kann es auch werden, den Tag in seinen wichtigen Abläufen nochmals ablaufen zu lassen. Damit holen wir das, was uns bewegt, aus den emotionalen Schichten des Gehirns in den Cortex, die Ebene der Reflexion. Auf dieser Ebene des Gehirns fallen Distanz und Loslassen leichter. Ein paar Notizen in Stichworten können dies unterstützen. Wenn wir dann noch ein paar Momente des Tages festhalten, für die wir dankbar sind und mit Blick auf den kommenden Tag auf etwas schauen, worauf wir uns freuen, sind viele gedankliche und mentale Voraussetzungen dafür geschaffen, dass wir entspannt und positiv gestimmt in einen guten Schlaf finden.

Gelingt es uns, durch achtsame Vorgehensweisen unseren Schlaf zu verbessern – und mit Lavendelduft gibt es ein bewährtes natürliches Hilfsmittel, das häufig Schlafmittel ersetzen kann – pflegen wir damit eine tief reichende Quelle. Sie verhilft uns Nacht für Nacht zu neuen Kräften.

»Heilige Zeiten«

»Der siebte Tag ist ein Ruhetag« (Ex 20,10) – dieser knappe Satz aus den zehn Geboten hatte kulturprägende Wirkung. Die Unterbrechung der Arbeitswoche durch einen Ruhetag, an dem sogar Sklaven und Arbeitstiere ausruhen sollen, hat im Alltag des Judentums und in Israel bis heute hohen Stellenwert. In der Sonntagskultur unserer Regionen hat sich der Sabbat als zeitliche Markierung zwar fortgesetzt, ist heute aber vielfach kaum mehr zu spüren.

Das Judentum begründet in den beiden Textüberlieferungen der zehn Gebote den Sabbat zum einen durch die Schöpfung, in der das Ausruhen Gottes eine wichtige Rolle spielt, zum anderen durch die Erfahrung der Freiheit, die im Exodus aus Ägypten gewonnen wurde. In der Rückbindung an Schöpfung und Natur und im regelmäßigen Bewusstwerden der eigenen Freiheit liegt im jüdischen Denken ein wichtiger Impuls dafür, »heilige Zeiten« einzuhalten. Die Verbundenheit mit der Schöpfung und die eigene Freiheit sind ihnen »heilig«. Dieser Begriff stößt vielleicht auf Vorbehalte, weil er mit einer frommen, etwas abgehobenen Geisteshaltung und Religiosität verknüpft wird. Doch dies ist kurzschlüssig. Der Begriff beinhaltet den Blick auf heilsame Kräfte. Sie wirken dort heilend, wo Verwundungen, Verletzungen und erhebliche Gefährdungen drohen. Zudem verweist das Wort auf eine spirituelle Sichtweise, die bestimmte Grunderfahrungen nicht ständig zur Diskussion stellt, weil sie in ihnen eine unbedingt gültige Grundlage sieht.

Wer nicht mehr die Zeit findet, sich an der Vielfalt der Natur zu erfreuen und diese auf sich wirken zu lassen, unterbricht die Verbindung zu wichtigen Lebenswurzeln. Wer nicht mehr die Freiheit hat, die eng definierten alltäglichen Abläufe zu unterbrechen, gerät in Gefahr, heil-lose Kreisläufe und Zwänge hinzunehmen, die zutiefst schaden können. Wir laufen dann Gefahr, das zu vergessen, was dem Leben tiefe Lebensfreude und aufbauende Kräfte zu eröffnen vermag.

Verbundenheit mit unserer Mitwelt, Respekt und Freude an Natur und Lebensvielfalt und die Erfahrung und Wertschätzung der Freiheit sind nicht einfach positive Werte neben anderen. Sie rühren an unsere innersten Erfahrungen und Bedürfnisse. Sie verweisen auf eine Lebenskraft, die über unsere begrenzten Kräfte und Erfahrungen hinausweist.

»Heilige Zeiten« sind oft mit Ritualen und besonderen Symbolhandlungen verbunden. In bestimmten Situationen zünden wir Kerzen an, nehmen wir eine bestimmte Haltung ein, kleiden wir uns entsprechend. Solche hervorgehobenen Zeiten sind sogar oft mit eigenen Speisen verbunden. Man denke nur daran, in wie vielen Familien der »Heiligabend« seit Jahrzehnten mit traditionellen Gerichten verbunden ist. Das Sedermahl der Juden kennt diese feste Speisenfolge seit Jahrtausenden.

All das mag in unseren Tagen verflachen und in einer säkularen Gesellschaft nicht mehr nachvollziehbar sein. Doch tut es uns gut? Ebnet es nicht alle Zeiten ein und lässt Konturen und Höhepunkte verschwinden und irgendwann fühlt sich alles irgendwie gleich an? Und ersatzweise ergötzen sich Tausende von Followern am Bild eines Fußballstars, der ein vergoldetes Steak verzehrt.

»Heilige Zeiten« – geschützt und ritualisiert, können in unserem Alltag vielfach aufscheinen und eine hilfreiche Zeiterfahrung sein. Seien es markante Zeiten im Tagesablauf (gemeinsame Mahlzeiten, der Tagesabschluss am Bett der Kinder, ein Morgenritual, die letzte Viertelstunde des Tages), seien es hervorgehobene Zeiten in der Woche (Wochenendfrühstück, Chor, Familientreffpunkte) oder auch bestimmte Gedenktage im Jahreslauf (Geburts- und Hochzeitstage, Jubiläen).

Wichtig ist, dass uns solche Zeiten, die wir als besonders, heilsam und tiefgründig erfahren, der Beliebigkeit und ständigen Verschiebung entzogen werden. Natürlich soll kein starres und unflexibles Schema neuen Stress und Zwang schaffen. Doch es ist eine große Versuchung, auch solche Zeiten schnell zur Disposition zu stellen und unserer Zeiterfahrung damit eine wichtige und hilfreiche Insel zu nehmen.

»Selbstbestimmte Zeit ermöglicht lebensfreundliche Rhythmen«

Im Dialog mit Prof. Dr. Maximilian Moser

An der medizinischen Fakultät der Universität Graz lehrt und forscht Prof. Dr. Maximilian Moser als Physiologe. Chronobiologie und Schlafforschung, Stress- und Erholungsforschung und Fragen der vegetativen Regulation sind Schwerpunkte seiner wissenschaftlichen Tätigkeit. Zahlreiche Publikationen (s. u.), so das Buch »Vom richtigen Umgang mit der Zeit« (Berlin 2017), stammen aus seiner Feder. Seit der Gründung des »Human Research Instituts Weiz« im Jahr 2010 leitet er dieses.

Unseren Dialog über die Zeit und deren Bedeutung für das Wohlergehen des Menschen eröffnet der Wissenschaftler mit einem unmissverständlichen Statement: »Die Zeit wurde den Ökonomen zum Fraß vorgeworfen«. Er verweist auf die »Grauen Herren« in Michael Endes »Momo«, die den Menschen die eigene Zeit stehlen. Weil Arbeit über die Lohnsteuer ein teures Gut wurde und sich als Kostenfaktor enorm verteuert hat, unterliegt sie einer immer intensiveren Verdichtung. Nicht mehr natürliche Rhythmen stehen im Vordergrund, sondern eine ökonomisch effektive Taktung. Puffer der Entspannung wurden konsequent herausgenommen und rationalisiert. Dies nahm die Gestaltung der Arbeit vielen Menschen immer mehr aus der Hand und führte nach Überzeugung Maximilian Mosers auch zu einem Verlust der Sinnerfahrung in der Arbeit, weil das Ausmaß der Fremdbestimmung immer mehr zunahm.

Einen wichtigen Aspekt sieht der Chronobiologe im Verlust rhythmischer Abläufe. In Anlehnung an Ludwig Klages (1872–1956) definiert er Rhythmus als »Wiederkehr von Ähnlichem in ähnlichen Zeitabständen«. »Der Takt der Arbeit – Gleiches in gleichen Zeitabständen – bestimmt das Leben, nicht mehr eine hilfreiche Regelmäßigkeit«. Prof. Moser sieht die Notwendigkeit, die Zeit für die Menschen zurückzugewinnen. Dazu ist es seiner Meinung nach – auch aus ökologischen Gründen – erforderlich, die Arbeit steuerlich zu entlasten und den Konsum entsprechend zu verteuern. Dies eröffnet dem Einzelnen mehr Einflussmöglichkeiten. Tritt Steuerung von außen an Stelle der Steuerung von innen, verursacht dies einen Kontrollverlust. Kontrollverlust bedeutet aber enormen Stress. Davon weiß jeder, der einmal in einer kritischen Verkehrssituation die Kontrolle über ein Fahrzeug verloren hat. Schon der »Vater« der Stressforschung, Hans Selye (1907–1982) kennzeichnete dies eindeutig. Eng gesteuerte Systeme entmachten den Einzelnen immer mehr und unterwerfen ihn oftmals anonymen Zwängen. Das führt heutzutage in Unternehmen bereits vereinzelt zur Implantation von Chips, die zur Ausübung der Arbeit unverzichtbar sind und außerdem eine völlige Überwachungsmöglichkeit eröffnen.

Welche Handlungsbereiche sind nun von Bedeutung, um einen hilfreichen und gesundheitsfördernden Umgang mit der Zeit zu erreichen? Prof. Moser sieht hierfür viele Ansatzpunkte. Es beginnt für ihn schon damit, dass viele Menschen, oftmals auch Schulkinder, heute keine Zeit mehr für ein gemeinsames Frühstück haben, mit dem der Tag beginnt und gemeinsam vorausgeplant werden kann. Auch durch den beliebigen Umgang mit der Uhrzeit – Stichwort Sommerzeit – sieht er eine problematische Verschiebung natürlicher Wahrnehmung durch virtuelle Vorgehensweisen. Die Sinnesorgane reagieren auf die divergierenden Informationen irritiert. Ein Vorgang, der physiologisch mit Vergiftungen vergleichbar ist. Als Konsequenz sieht Maximilian Moser die Notwendigkeit zu einer Rückkehr in möglichst analoge Zeit- und Wirklichkeitserfahrungen.

Geht es um vorrangigen Handlungsbedarf für heutige Menschen, lehnt er sich an den Begründer der Logotherapie, Viktor E. Frankl (1905–1997) an, der die Sinnfindung des Menschen in den Mittelpunkt gestellt hat und an die Grundmaxime des Mystikers Meister Eckhart (13./14.Jh.): »Werde wesentlich«. Wenn wir die wesentlichen Dinge des Lebens finden, beginnen wir uns von der Fremdbestimmung durch vordergründige Einflüsse zu lösen und selbstbestimmt zu leben. Das kann unbequem sein, aber sehr hilfreich, um uns selbst wiederzufinden.

Maximilian Moser erläutert Forschungen, in denen der enge Zusammenhang biologischer und musikalischer Rhythmen aufgezeigt werden konnten. Stoffwechsel als fundamentale Energiequelle, das Nervensystem als Informationsträger und Herzschlag und Atmung als Vermittler zwischen diesen Polen lassen sich von ihrer Rhythmik auch in der Musik finden. Daher erzielt die Musik in der Therapie auch eine große Wirkung durch Resonanz. »Menschen sind keine Automaten, die im Bedarfsfall repariert werden. Vielmehr ist der menschliche Organismus ein selbstregenerierendes und autopoietisches (selbsterhaltendes) System, das entsprechender Zyklen und Zeiten bedarf.«

Eine erhöhte Bedeutung kommt daher dem Schlaf als regelmäßiger Regenerationsquelle zu. Er verläuft ebenfalls in darstellbaren Rhythmen, der sogenannten Schlafarchitektur. Die Abläufe des Schlafes sind pulsierende Prozesse mit den Schwerpunkten »Reinigung« und »Ordnung«. Der Schlaf ist die Basis für ein aktives Tagesleben und daher ist die Verbesserung des Schlafes ein bedeutsames Handlungsfeld für eine Stärkung der Resilienz.

Die Übung, den Tag versöhnlich, reflektierend und dankbar abzuschließen und die Gestaltung des Schlafzimmers zum »schönsten Raum des Hauses – zum Herzraum«, ohne digitale Medien, tragen dazu bei, »dass wir in der Traumwelt unser eigenes Leben ordnen und nicht den Krimi aus dem Nachtprogramm«. Regelmäßigkeit ist dabei überaus hilfreich, von einzelnen Ausnahmen abgesehen. Denn auch hier soll durch zwanghaften Druck kein neuer Stress aufgebaut werden.

Aus der Schlafforschung resultieren die Einblicke in die »basalen Ruhe- und Aktivitätszyklen«. Die Zyklen der Nacht setzen sich im Wachzustand fort. Es lässt sich feststellen, dass nach einer gewissen

Zeit (etwa 90 Minuten) Aufmerksamkeit und Leistungsvermögen zurückgehen und sich nach einer Pause wieder neu aufbauen. Maximilian Moser plädiert für eine Rhythmisierung des Tagesgeschehens in etwa eineinhalbstündige Zyklen. Er berichtet von Untersuchungsergebnissen bei Bauarbeitern, Ärzten und Pflegepersonal, dass dies auch zu einer Verbesserung der Schlafarchitektur führt.

Vor diesem Hintergrund gewinnt die Pause eine hohe Bedeutung. Diese sollte nun nicht das Gleiche beinhalten (»also nicht am Schreibtisch die Mails am Handy checken«), sondern eine neuen Standpunkt eröffnen: Aus dem Sitzen in die Bewegung, aus dem Raum ins Freie, aus der Konzentration in entspanntes Beobachten, aus der körperlichen Anstrengung in die Ruhe oder die rhythmische Bewegung. Das Gespräch kommt auf die in Österreich vielbeachtete Untersuchung, bei der auf einer Großbaustelle durch regelmäßige Eurythmie die Unfallhäufigkeit signifikant gesenkt werden konnte. Die Ergebnisse dieser Forschungsarbeit haben bei vielen Baustellen zu einer deutlichen Reduktion der Unfälle geführt, werden aber aus scheinbaren Kostengründen nicht flächendeckend umgesetzt.

Unser Dialog kommt auf den Atem als Lebensquelle zu sprechen. Prof. Moser weist auf die zentrale Bedeutung des Atems in den großen religiösen und philosophischen Traditionen hin. Die Studien zur Auswirkung des Sprechens von Hexametern (klassisches Versmaß der epischen Dichtung) auf die Herzfrequenz haben eindeutig gezeigt, dass erst beim bewussten und richtigen Atmen die gewünschte Veränderung eintritt und die Herzfrequenz gesenkt wird. Entspannende Übungen ohne entsprechende Atmung entfalten keine so nachhaltige Wirkung.

Noch einmal findet unser Gespräch neben vielen Einzelaspekten des Alltagshandelns zur Grundfrage nach Sinn und Wert des eigenen Lebens zurück. »Das Grundproblem vieler heutiger Menschen ist die Angst vor dem Tod«, stellt Maximilian Moser fest. Dies hat für ihn vor allem damit zu tun, dass oftmals keine Hoffnungsperspektive über den Tod hinaus besteht. Dieser Angst versuchen viele dann durch Gier, Reichtum und Hyperaktivität zu begegnen. Und dadurch geht etwas verloren, was für ein ausgeglichenes und bejahendes Leben in heilsamen Rhythmen von großer Bedeutung ist: fröhliche Gelassenheit.

Was ich im Alltag versuchen kann

Meine Zeit«

Gestalten Sie einen Kreis als 24-Stunden-Uhr und wählen Sie einen »normalen« Tag ihres Alltags. Teilen Sie ihn in »Kuchenstücke« auf: Wieviel Zeit wird an diesem Tag wofür aufgebracht (Schlaf, Mahlzeiten, Arbeit, Bewegung, Gespräche, Hobbies ...)? Sie können Zeitabschnitte, die Sie besonders schätzen, mit einer Lieblingsfarbe hervorheben. Betrachten Sie Ihren Zeitkuchen in aller Ruhe.

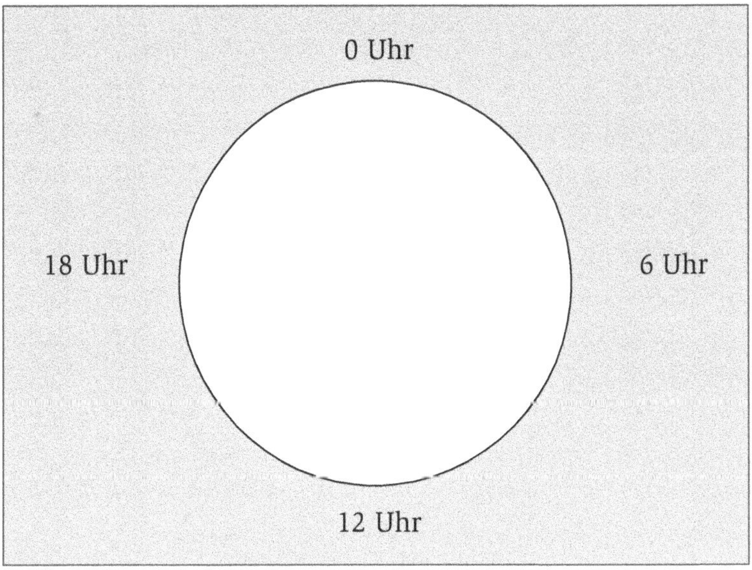

Ergänzen Sie die folgenden Sätze:

- Viel Zeit für ...
- Wenig Zeit für ...
- Ich hätte gerne mehr Zeit für ...
- Auf diese Zeiten habe ich Einfluss:

»Rückblende«

Am Tagesende hilft es uns sehr, kurz und in Stichworten, vielleicht sogar schriftlich, den Tag Revue passieren zu lassen und damit nochmals ins Bewusstsein zu holen:

- Was war heute? Was war normaler Ablauf? Was war besonders?
- Was hat mich belastet?
- Was hat mich gefreut?
- Was kam heute zu kurz? Wo wurde es mir zu viel? Hätte ich es ändern können? Wie?
- Hatte der Tag seine nötigen Pausen? Welche Zeit hat mir heute gutgetan?

»Vorschau«

Das zeitliche Gefüge eines Tages läuft oft aus dem Ruder, weil wir zu wenig darauf vorbereitet sind. Bei allen Unwägbarkeiten kann es eine hilfreiche Orientierung sein, den kommenden Tag schon im Voraus zu betrachten:

- In welchen zeitlichen Abläufen ist der nächste Tag zu erwarten? Was ist vorgegeben, worüber kann ich verfügen?
- Welche wichtigen Erledigungen stehen an? Wann kümmere ich mich darum?
- Wann habe ich morgen Freiraum für wohltuende Zeiten? Wann finde ich Ruhe und Erholung? Welche schönen Dinge nehme ich mir vor und seien es nur wenige Minuten?
- Wie will ich den Tag beginnen und wie abschließen?

»Mein Grundrythmus«

Versuchen Sie, folgende Erfahrungsbereiche für unterschiedliche Zeiträume zu markieren und für sich persönlich zu kennzeichnen oder die Balken (von links nach rechts) auszumalen. Sie können die Übung für verschiedene Tage, für das Wochenende, für eine Woche oder auch andere Zeiträume machen.

Arbeit und Anspannung

Kaum	fast ständig

Stille und Ausruhen

Kaum	wohltuend

Berufliche und sachbezogene Kontakte

Keine	fast ständig

Private und vertraute Kontakte

Keine	vielfältig

Zurückgezogenheit und »für mich« sein

Gar nicht	wohltuend

Digitale und technisch dominierte Erfahrungswelt

Kaum	fast ständig

Analoge und naturnahe Erfahrungswelt

Kaum	regelmäßig

- In welcher Zeile sehen Sie für sich den größte Veränderungsbedarf? Lässt sich etwas machen?
- In welcher Zeile wünschen Sie sich einen anderen Schwerpunkt? Wie könnte das erreicht werden?
- Versuchen Sie ein paar kleine Eingriffe in Ihren Alltag und wiederholen Sie die Übung in zwei bis drei Wochen.

»Stop and go«

Zwei Pole jeder Rhythmik sind der Moment der völligen Ruhe und der maximalen Bewegung. Beide Grundpositionen des Lebens drohen undeutlich zu werden. Sie können gezielt geübt werden:

Stop:

- Wann halte ich Momente völliger Ruhe?
- Ohne jegliche Bewegung und Ablenkung, ganz in mir?
- Im Sitzen oder Liegen oder in Meditationshaltung?
- Schaffe ich kurze Ruhemomente im Tagesrhythmus?
- Plane ich ausgiebigere Ruhephasen im Wochenrhythmus?

Go:

- Wann bewege ich mich aktiv und aus freien Stücken?
- Sportlich (Joggen, Walken, Radfahren, Schwimmen, Fitness)
- Oder Rhythmisch (Tanzen, Gymnastik)
- Oder entspannend-meditativ (Qi Gong, Yoga, progressive Muskelentspannung)
- Bewege ich mich regelmäßig?
- Fördere ich meine Ausdauer und meine Muskulatur?

Die »Not-to-do-Liste«

To-do-Listen sind populär und hilfreich. Für Menschen, die Gefahr laufen, sich zu viel aufzuhalsen, kann auch eine »Not-to-do-Liste« gute Dienste leisten.

In eine Spalte schreiben wir für den nächsten Tag alles, was zu erledigen ist: Termine, Aufgaben, Vorhaben.

Anschließend überlegen wir ernsthaft, was von den geplanten Vorhaben wegfallen kann, was andere tun können, was nicht jetzt unbedingt nötig ist, was wir einfach loslassen. Die Übung kann mit der Zeit zu einer echten Entzerrung und Entlastung führen. Sie kann unsere Tagespläne auch an Vielfalt bereichern.

Z. B.:

Arzttermin	✓
Einkäufe im Supermarkt	erledigt Sohn
Elternsprechstunde Schule	✓
Auto waschen	Muss noch warten
Krankenbesuch	✓
Steuerbelege ordnen	Übermorgen abend
Früchte einkochen	✓

»Atemübung – Kurzform der Unterbrechung«

In allen Meditations- und Achtsamkeitsübungen spielt der Atem eine hervorragende Rolle, die positive Wirkung eines beruhigten und bewussten Atems auf Herzfrequenz, Blutdruck und Gesamtbefinden ist mittlerweile durch mehrere Studien belegt. Eine beruhigende und als Pause erfahrene Atemübung lässt sich schon in wenigen Minuten realisieren und ist daher alltagstauglich.

- Ich suche mir einen ruhigen Platz, an dem ich die nächsten Minuten ungestört bin.
- Ich nehme im Sitzen oder Stehen eine entspannte, aufrechte Haltung ein
- Ich lasse den Atem kommen und gehen und achte auf eine ruhige Zwerchfellatmung.
- Ich versuche etwa vier Sekunden durch das Zwerchfell einzuatmen und den Atem kurz anzuhalten.
- Dann atme ich fünf bis sieben Sekunden aus, um nach kurzer Atempause wieder einzuatmen.
- Ich nehme mir drei bis fünf Minuten Zeit für diese Übung.

Zum Weiterlesen

Moser, Maximilian: Vom richtigen Umgang mit der Zeit. Die heilende Kraft der Chronobiologie, Berlin 2017

Geissler, Karlheinz A. und Jonas Geissler: Time is honey. Vom klugen Umgang mit der Zeit, München 2018

Zulley, Jürgen und Barbara Knab: Unsere Innere Uhr. Natürliche Rhythmen nutzen und der Non-Stop-Belastung entgehen, Frankfurt a. M. 2017

Intensiv leben – mit allen Sinnen

Unsere Sinne sind ein großartiges Geschenk der Natur und der Evolution. Sie bieten spannende, hilfreiche und vieldimensionale Tore zur Wirklichkeit. Sie ermöglichen Freude und Genuss. Wenn nötig, signalisieren sie aber auch Gefahren und erregen Abscheu. In der Frühgeschichte des Menschen waren die Sinne für Nahrungssuche und Sicherheit überlebensnotwendig, zugleich dienten sie als Frühwarnsysteme für allerlei Risiken. Die Sinne versorgen unser Gehirn mit einer riesigen Datenfülle, sie bewegen Geist und Gefühl. Sie fördern Erkenntnis und Wissen genauso wie Freude, Angst, Glück und Widerwillen. Sie ergänzen sich und unterscheiden sich in ihrer Wirkung.

In unserer Lebenswirklichkeit haben sie mit einer enormen Reizüberflutung zu kämpfen. In einem nie gekannten Maß dringen Bilder, Töne und Gerüche auf uns ein, nahezu pausenlos haben unsere Sinnesorgane Signale aufzunehmen und zu verarbeiten. Das macht zuweilen müde und kann abstumpfen. Wir können bestimmte Dinge nicht mehr »sehen« und »hören«, hie und da vergeht uns »Hören und Sehen«. Wir haben die »Nase voll« und es »stinkt uns«. Manche Wirklichkeit erscheint uns »geschmacklos« und »schal«. Vieles kommt gar nicht mehr an uns heran, »berührt uns überhaupt nicht«, lässt uns »kalt«.

All diese Erfahrungen bergen die Gefahr, dass die lebensstärkende sinnliche Erfahrung uns nicht mehr erreicht. Wir nehmen dann wichtige Hilfen zu unserer inneren Kräftigung nicht mehr auf. Dabei birgt eine bewusste und gelebte Sinnlichkeit viele Chancen für unsere Resilienz.

Sinne wirken

Ein Blick auf die Biologie der Sinne macht uns deutlich, dass es bei entsprechenden Reizen zu biochemischen Zellreaktionen kommt. Diese wirken sich auf das komplexe Nervensystem des Menschen unmittelbar aus, teilweise bewusst, teilweise ohne Bezug zu unserer willentlichen Beeinflussung. Was wir mit unserem Sinnessystem aufnehmen, erzielt Wirkung in unterschiedlichster Weise.

Im Bereich des Duftes haben in Deutschland insbesondere die Forschungsarbeiten von Prof. Hanns Hatt an der Ruhr-Universität Bochum viele Erkenntnisse vermittelt. Die Untersuchung der physiologischen Prozesse des Riechens führte zu vielen Ergebnissen, an denen sich die Wirksamkeit von Duftmolekülen bei Aufnahme durch die entsprechenden Geruchsrezeptoren aufzeigen lassen.

Der wirksame Einsatz entspannender Düfte aus Limetten, Rosmarin und Sandelholz bei schwangeren Frauen mit Übelkeit und Kreislaufschwäche wird dabei ebenso untersucht wie die Wirkung des Rosenduftes auf die Gedächtnisleistung. Auch in der Medizin hielten aromatherapeutische Verfahren aufgrund umfangreicher Forschungsarbeiten Einzug. So ergaben Untersuchungen der Universität Mailand eine angstlösende und antidepressive Wirkung von Bergamotte.

Im Forschungslabor von Prof. Hatt konnte nachgewiesen werden, dass in Prostatakrebszellen ein Protein vorkommt, das als Geruchsrezeptor für Stoffwechselprodukte männlicher Sexualhormone dient. Diese sind molekular dem Duftmolekül des Veilchendufts sehr ähnlich. Werden diese Riechrezeptoren aktiviert, stoppt die Zellteilung, das Krebswachstum wird verlangsamt oder aufgehalten.

Die Wirksamkeit sinnlicher Erfahrung beschränkt sich nicht auf den Geruchssinn. Amerikanische Forschungen haben aufgezeigt, dass eine etwa halbstündige Aufnahme der Farbe Grün ein Absinken von Stresshormonen verursacht. Rund tausend Jahre nachdem Hildegard von Bingen die Grünkraft gepriesen hat, ist dies eine interessante Bestätigung ihrer intuitiven Wahrnehmung. Die Farbgebung unserer Lebensumgebung hat durch Untersuchungen dieser Art neue Aufmerksamkeit erfahren.

Martin Grunwald leitet das Haptik-Forschungslabor an der Universität Leipzig und zeigt in seinem Buch »Homo Hapticus« eindrucksvoll auf, dass der Tastsinn als Basissinn des Menschen eine lebensnotwendige Bedeutung hat und der Körperkontakt »ein Lebensmittel« ist. Dies hat Bruno Müller-Oerlinghausen in seiner Forschungsarbeit therapeutisch entwickelt und dabei anerkannte Nachweise für die heilsame Wirkung von gezielten Berührungen erbracht (siehe Dialog mit Prof. Dr. Müller-Oerlingshausen).

All diese Beispiele – und sie ließen sich vielfach ergänzen – machen deutlich, dass Sinneseindrücke vielfältige Wirkungen erzielen. Sie können schädlich und dienlich sein und uns so auch ein Instrumentarium bieten, eine stärkende und unterstützende Wirkung für Leib und Seele zu nutzen.

Es ist nicht egal, was wir sehen, hören, schmecken, riechen und berühren. Lärm kann krank machen, das wissen wir. Klänge und Musik können therapeutische Wirkung entfalten, das wissen wir auch. Gestank löst Abwehrreaktionen und Ekel hervor, Düfte können beruhigen, aktivieren, beleben, Stimmungen verändern und heilsame Prozesse auslösen. Berührungen können verletzen und Gegenreaktionen verursachen, aber genauso können sie Stress mindern, entspannen und heilen.

Wir können uns auf den Weg machen, sinnliche Eindrücke zu ermöglichen oder gezielt zu schaffen, die uns guttun, die unser vegetatives Nervensystem stärken und uns dabei unterstützen, die inneren Kräfte zu stabilisieren.

Weniger ist mehr

Das Problem unserer Gegenwart besteht häufig – wie schon erwähnt – in der Flut von Sinnesreizen. Sie überfordern unser Nervensystem eher, als dass sie ihm hilfreich zur Seite zu stehen. Die Vielzahl der Sinnesreize, die durch eine Konsum- und Mediengesellschaft enorm zugenommen haben, steht in einer Verbindung mit einer permanenten Überlagerung der Sinneserfahrungen. Es ist nicht ein Duft, der unsere Nase erreicht, sondern eine häufig überladene Aromamixtur, die uns konfrontiert und herausfordert.

Dies sollte für unsere bewusst geprägte Lebenswelt im eigenen Umfeld bedeuten, dass wir eine Entzerrung und Konzentration anstreben. Stärkende Sinneserfahrungen können dann ihre Wirkung erzielen, wenn wir ihnen Zeit und Raum zur Entfaltung gewähren und wir sie ganz gezielt in unser Lebensumfeld einbeziehen. Dabei zählen nicht die Fülle, die rasche Abfolge und ein Vielerlei an Eindrücken. Wie so oft gilt auch hier das Prinzip, dass eine Reduktion auf Weniges die Wirksamkeit erhöhen kann. Das heißt aber, dass wir zunächst einmal unseren Alltag durchforsten sollten, um Möglichkeiten zu entdecken, der Überflutung unserer Sinne Einhalt zu gebieten. Dies ist nicht einfach und erfordert für sich schon einen eigenen Beobachtungsprozess. In vielen Lebensbereichen ist das kaum möglich. Die Lärmkulisse einer Straße, eines Arbeitsplatzes oder einer Menschengruppe entzieht sich weitgehend unserem Einfluss. Dasselbe gilt für die vielen Gerüche in Städten, in U-Bahn-Zugängen, öffentlichen Verkehrsmitteln oder Gebäuden, in Werkshallen und an vielen anderen Arbeitsplätzen. Beruf und öffentliches Leben konfrontieren uns auch mit vielen optischen Eindrücken, mehr oder weniger erfreulichen Bildern, denen wir uns nicht jederzeit entziehen können.

Umso hilfreicher kann es sein, eine ganz persönliche Streichliste anzufertigen, die sich auf Lebensräume bezieht, die wir auch beeinflussen können. Wann halten wir Zeiten ein, in denen die Unterhaltungselektronik zum Stillstand kommt? Wann entziehen wir uns der raschen Bildfolgen der Bildschirme? Wann sind die Lautsprecher offline und gönnen wir uns Stille? Schaffen wir es, beim Essen den Geschmack und den Duft in den Mittelpunkt zu stellen und nicht noch nebenher in das Fernsehgerät zu schauen oder laute Musik zu hören?

Häufig hören wir von sogenannten Entgiftungskuren, die medizinisch durchaus umstritten sind. Im Bereich der Überflutung unserer Sinne wäre so ein Detoxverfahren möglicherweise sehr hilfreich. Wir wissen von Rauchern, dass diese nach einer Zeit der Entgiftung von ganz neuen Geschmackserlebnissen berichten. Es könnte unsere sinnliche Erfahrung sehr bereichern, wenn wir das Übermaß an sinnlichem Konsum bewusst und gezielt zurückfahren. Moderne Askese könnte auch darin bestehen, sich Zeiten konzentrierter sinnlicher Wahrnehmung zu widmen.

Wenn Reizüberflutung ein Stressfaktor ist – und gerade an Kindern lässt sich das schnell und gut beobachten – dann ist Reizreduktion in vielen Fällen ein erster Schritt zur Entspannung. Sie bereitet auch das Feld dafür, dass wichtige sinnliche Wahrnehmungen hilfreich und heilsam wirksam werden können.

Sinne entfalten lassen

Obwohl wir wie wohl nie zuvor eine Vielfalt der sinnlichen Wahrnehmung erleben, erfordert vielleicht gerade diese Tatsache wieder eine elementare Schulung der Sinne. In der Fülle und im Tempo wird Bildern, Klängen, Düften, Geschmack und Berührungen viel Kraft und Potenzial genommen. Sie kommen nicht zur Entfaltung, sie lassen uns nicht Kraft und Inspiration schöpfen, sondern er-schöpfen uns. Niemand von uns entkommt ohne Weiteres der Aneinanderreihung unzähliger Bilder. Wir leben in der digitalen Mediengesellschaft auf keiner Insel. Aber wir haben die Freiheit und die gestalterische Kraft, uns Zeiten zu gönnen, in denen wir die Abschaltfunktionen der Geräte nutzen und ein einzelnes Bild, einen Landschaftseindruck, ein schönes Kunstwerk, einen Gegenstand oder Ähnliches bewusst und in Ruhe auf uns wirken lassen. Es wird seine Wirkung entfalten.

Natürlich leben wir in einer lauten Welt der Klänge und akustischen Reize. Doch es liegt an uns, Räume der Stille und Ruhe zu schaffen, in denen der Lärm draußen bleibt. In einem geschützten Umfeld lassen wir uns nicht multimedial berieseln. Wir können die Kopfhörer zur Seite legen. Dann finden wir den Freiraum, eine ruhige Musik zu hören, auf Klänge der Natur achtsam zu hören und diese wirklich in uns ankommen zu lassen.

Industriell verarbeitete Lebensmittel verwenden Aromastoffe und ein geschmackliches Vielerlei für unseren Gaumen, oft auch einen Einheitsbrei. In unserem Alltag können wir darauf nicht immer verzichten. Aber wir haben Einfluss auf unseren Speiseplan und können ihn erweitern. Es liegt an uns, natürlich erzeugte Produkte zu verwenden und uns auf den Geschmack von Grundnahrungsmitteln bewusst einzulassen. Frisches Obst langsam und mit Bedacht essen.

Einen Bissen trockenes Brot lange kauen und seine verschiedenen Geschmacksnoten entdecken. Frisch gepresste Säfte auf der Zunge zergehen lassen und ihre Geschmackvielfalt wahrnehmen. All das kann uns wieder für die Vielfalt und Eigenart im Geschmack unserer Lebensmittel sensibilisieren. Zum Konsum kommt der Genuss hinzu.

Touchpads und Bildschirme in unterschiedlichsten Formaten ermöglichen uns schnellen Zugang zu Bild und Musik, Information und Kommunikation. Doch es sind stets dieselben Berührungen einer Kunststofffläche. Wir »wischen« uns durch die mediale Welt. Das verweilende Umfassen eines Gegenstandes oder das Streicheln eines Tieres, das Betasten einer Baumrinde oder eines jungen Blattes, die Bearbeitung frischer Gartenerde oder die bewusste Wahrnehmung von Wärme und Kälte geraten dabei oft ins Hintertreffen. Bei Unterrichtsgängen mit kleinen Kindern zum Thema »Schöpfung« beobachte ich von Jahr zu Jahr größere Probleme, sich ausgiebig und mit Hingabe auf einzelne sinnliche Wahrnehmungen einzulassen. Dies verschließt uns wichtige Zugänge zur Wirklichkeit. Es reduziert die Möglichkeit, aus der unmittelbaren Erfahrung Inspiration und Ruhe zu schöpfen.

Der Reichtum der Natur

Bewegen wir uns mit wachen Sinnen in der Natur, finden wir eine unerschöpfliche Ressource kräftigender Sinneseindrücke vor. Deren positive Wirkung auf unser vegetatives Nervensystem konnte in vielen Untersuchungen aufgezeigt werden.

In den letzten Jahren ist beispielsweise das »Waldbaden« in Mode gekommen. Es ist im Grunde nichts anderes, als ein bewusster und in Ruhe und Achtsamkeit verbrachter Aufenthalt im Wald. Das Mikroklima eines Waldes, die beruhigenden Geräusche, der Anblick von Grün und Wachstum, der Duft von Holz und Waldboden, die höhere Konzentration ätherischer Öle – all das hat offensichtlich gesundheitsfördernde und stressreduzierende Wirkung. Und es so einfach und ohne Kosten zu praktizieren.

Oft liegen wundervolle Landschaften vor der Haustüre – aus Gewohnheit schon nicht mehr bewusst aufgenommen. Im Garten vor dem Haus summt und brummt, blüht und sprießt es – doch meist hastet man zur Garage. Und um lästige Gartenarbeit einzusparen, legt man Steingärten an, sät man praktische Rasenflächen, die mit dem Roboter bearbeitet werden können.

Das Gänseblümchen mit seinem ganz besonderen Charme, die frühen Schlüsselblumen nach dem Winter, der blühende Obstbaum, das Winterlager des Igels im Laubhaufen und das fröhliche Spiel der Vögel im Geäst der Bäume rücken zuweilen in immer weitere Ferne. Ein großer Verlust für uns. Denn Eindrücke der vielfältigen Natur, bei denen wir verweilen und uns die Zeit lassen, uns daran zu freuen oder ins Staunen zu kommen, können uns nahrhafte Kräftigung bieten.

Fitness ist ein hohes Ziel unseres Lebensstils geworden und die Bedeutung des Sports für die Gesundheit ist unbestritten. Doch ist ein schöner Frühlingsabend in einem Park oder an einem Waldrand nicht viel zu schön, um ersatzweise die Zeit in einem geschlossenen Raum an Kraftgeräten zu verbringen? Gewinnt unser ganzheitliches Gleichgewicht, unsere innere Balance von einer stillen halben Stunde an einem einsamen Platz in der Natur nicht viel mehr, als von der Präsenz an Bildschirm und Tastatur?

Das eine muss oft sein und es sollen keine konkurrierenden Welten aufgebaut werden. Aber das andere droht dabei oft in Vergessenheit zu geraten. Bei den Berichten vom Freizeitverhalten vieler Kinder manifestiert sich dieser Eindruck. Die analoge Erfahrung im Freien und in der Natur scheint oft der virtuellen Welt, der Spielkonsole und den ausgiebigen Onlinechats zu weichen. Der Reichtum, der in der Natur für uns bereitsteht, kann dadurch aber nicht ersetzt werden.

Was ich im Alltag versuchen kann

Jeden Tag ein Stück Natur

Der Gefahr, Natur durch ständigen Aufenthalt in Räumen, Berieselung durch Musik und Radio, Fertigprodukte in der Küche etc. permanent auszuschließen, kann man bewusst und aktiv begegnen. So können wir ein Minimalziel formulieren: jeden Tag mindestens einen kleinen Anteil Natur bewusst wahrnehmen und mit unseren Sinnen aufnehmen. Dazu gibt es viele Möglichkeiten. Hier nur ein paar Beispiele:

- Ein kleiner Spaziergang ermöglicht Begegnung mit den Düften, Klängen und Ansichten der Natur in meiner Umgebung, sei es ein städtischer Park oder ein Wald, eine Grünfläche, der Garten ...
- Ein unverarbeitetes Lebensmittel stärkt meine Begegnung mit elementaren Lebensgrundlagen – frisches Obst oder Gemüse, Beeren, Tomaten, Milch, die noch ursprünglich schmecken und duften, frische Kräuter zum Würzen oder Beimischen ...
- Die Natur in meiner Umgebung schenkt herrliche Gerüche: frisches Moos im Wald, frisch gemähtes Gras, Blumen zu den verschiedenen Jahreszeiten, ein warmer Sommerregen, unterschiedlichste Blüten an Bäumen und Sträuchern, frisch gesägtes Holz, Gartenerde, Kräuter auf der Fensterbank ...
- Ein stiller Aufenthalt im Freien ist gar nicht so still: Vogelgezwitscher und andere Tierlaute, der Wind in den Bäumen, Äste ächzen, Regen prasselt, ein Bach plätschert, Kinder spielen und lachen ... Das Ohr kann zur Tankstelle werden.
- Das größte Sinnesorgan – die Haut – sollten wir aus der Naturbegegnung nicht heraushalten: den Wind ins Gesicht blasen lassen, das Wasser des Baches durch die Hände gleiten lassen, junge

Blätter sanft berühren, die raue Rinde eine Baumes betasten, in die Erde greifen, Obst und Gemüse bewusst in den Händen wenden …

Düfte tun gut

Im Alltag haben wir zuweilen »die Nase voll«. Viele Gerüche umgeben uns – auch unangenehme. Umso hilfreicher ist es, im vertrauten Lebensbereich wohltuende Düfte zur Entfaltung zu bringen, ohne unsere Wohnung zur Parfümerie zu machen. Vor allem ist es auch wichtig, eigene Vorlieben und gute Erfahrungen zu finden und sie wiederholt zu ermöglichen.

Ätherische Öle und Mischungen gibt es in guter und biologischer Qualität. In entsprechender Aufbereitung lassen sie sich direkt auf die Haut auftragen und erzielen so eine verstärkte Wirkung. Auch als Badezusatz oder in Duftlampen können sie angewandt werden

Aus der Duft- und Aromaforschung lassen sich viele Düfte in ihrer Wirkung benennen, vielfach mittlerweile auch wissenschaftlich belegt. Hier ein paar bekannte Beispiele:

Lavendel	Entspannende und schlaffördernde Wirkung
Pfefferminze, (Menthol)	Steigert den Antrieb, macht wach und aufmerksam
Bergamotte	Klärt den Geist und macht gute Laune
Orange	Wirkt belebend und erfrischend
Basilikumöl	Beruhigend, krampflösend, schleimlösend
Thymian	Anregend und erwärmend, antibakteriell
Vanille	Beruhigend, konzentrationsfördernd, hebt die Stimmung

Heilsame Klänge

Klänge und Musik sind in der Therapie mittlerweile fest verankert und es gibt dazu viele Untersuchungsergebnisse. Auf verschiedene Weise können wir diese hilfreichen Wirkungen in unseren Alltag einbeziehen:

- Jede*r, der/die ein Instrument erlernt hat, sollte die Wirkung regelmäßigen Musizierens nicht unterschätzen. Mehrmals wöchentlich eine Viertelstunde wirkt beruhigend und schafft ein verändertes Empfinden. Außerdem aktiviert es andere Areale des Gehirns.
- Wer kein Instrument spielt, kann eine kurze Zeit des Nachdenkens mit einer Klangschale »einläuten« und »ausklingen« lassen. Der einfache, nachhaltige Klang hat positive Auswirkungen auf das vegetative Nervensystem, den Abbau von Stresshormonen und unsere psychische Stimmung.
- Ruhige, meditative Musik, die wir uns ganz bewusst für einige Zeit gönnen, kann Entspannung und positive Grundstimmung bewirken.

In die Stille »hören«

Es wird immer schwieriger, Orte völliger Stille zu erfahren und viele Menschen halten Stille fast nicht mehr aus. Dabei ist sie für unser Gehirn und unsere Regeneration überaus wichtig und hilfreich.

- Ich suche einen Ort in meiner Wohnung oder in der Natur, an dem weitgehend Stille herrscht oder zumindest äußere Geräuscheinflüsse sehr gering sind.
- Ich lasse mich entspannt nieder oder stehe in entspannter Haltung. Ich schließe die Augen und nehme die Stille bewusst wahr. Ich amte ruhig und lasse meine Gedanken einfach kommen und gehen.
- Ich öffne die Augen und blicke langsam um mich, nehme meinen Ort aufmerksam wahr. Nochmals höre ich aufmerksam hin.
- Wie hat diese Stille auf mich gewirkt, welche Gedanken sind gekommen, wie fühle ich mich?

- Es wäre schade, wenn die meisten Berührungen nur noch mit einem Touchpad stattfänden. Es gibt Gegenstände, deren Berührung uns unvermittelt eine positive Erfahrung vermitteln können.
- Solche Gegenstände können sein: Schmeichelsteine, Kastanien, feste Früchte, ein Schneckenhaus, eine Muschel, eine Murmel, ein Stück Holz, ...
- Noch intensiver können »lebendige« Berührungen wirken: ein Tier streicheln, eine Hand halten (setzt Nähe und Einvernehmen voraus), eine bewusste Umarmung ...
- Wichtig und stärkend kann es auch sein, uns selbst berühren zu lassen: Eine Umarmung genießen, sich in der Partnerschaft gegenseitig streicheln, Massagen genießen. Das Sinnesorgan der Haut nimmt hier kostbare und stärkende Impulse auf und leitet sie weiter.

Leben zum »Anbeißen«

Viele Ernährungsmediziner sind sich einig: Wir essen zu schnell und kauen zu wenig. Damit gehen nicht nur viele wichtige Nährstoffe, sondern auch Genüsse verloren. Es mag die Zeit im Alltag oft knapp sein, doch können wir uns zumindest die Grundhaltung des »bewussten ersten Bissens« angewöhnen.

- Wir entscheiden uns, was wir von unserem Gericht als erstes essen wollen.
- Wir betrachten den ersten Bissen genau und nehmen den Geruch auf.
- Wir führen diesen ersten Bissen in den Mund und kauen ihn langsam und ausgiebig. Wir können dabei auch vorübergehend die Augen schließen und den Geschmack, die Konsistenz, die Veränderungen aufmerksam wahrnehmen.
- Möglicherweise haben wir nach diesem ersten Bissen gar keine Lust mehr, schnell und hastig zu essen.

Zum Weiterlesen

Grunwald, Martin: Homo Hapitcus. Warum wir ohne Tastsinn nicht leben können, München 2017

Hatt, Hanns und Regine Dee: Niemand riecht so gut wie du. Die geheimen Botschaften der Düfte, München 2010

Hess, Peter: Klangschalen. Für Gesundheit und innere Energie, München 2014

Moser, Maximilian: Die Kraft der Zirbe, Salzburg 2019

Zeh, Katharina, Handbuch Ätherische Öle, Oy-Mittelberg 2005

Um-denken – ein Schritt zu »mehr« Leben

Stress beginnt im Kopf. Unser Gehirn entscheidet, welche Situationen wir als bedrohlich empfinden und die uns daher stark belasten. Es liegt nahe, dass die Stressbewältigung und Stressprävention ebenfalls im Kopf verortet sind.

Wir alle tragen Prägungen und Grundmuster mit uns, die sich aus vielfältigen Quellen speisen. Gene steuern bestimmte Verhaltensweisen, unsere Erziehung beeinflusst uns nachhaltig und lebenslang. Wichtige Erfahrungen positiver und problematischer Art formen unsere Denk- und Verhaltensmuster. Die soziale Umgebung mit ihren Vorbildern und Erwartungen, ihren Strömungen und Wertigkeiten wirkt sich massiv aus. Viele Einflüsse auf unsere Muster sind uns bewusst, noch mehr eher unbewusst.

Zur Bewältigung unseres Alltags und unseres Lebens sind tief eingeprägte Muster überaus hilfreich und nützlich, sie machen uns lebenstüchtig und überlebensfähig. Dass wir auf unklare Veränderungen (ein verändertes Bremsverhalten, ein auffälliges Geräusch, einen seltsamen Geruch, eine verdächtige Stille) vorsichtig und eher ängstlich reagieren, kann oftmals lebensrettend sein und nötige Maßnahmen auslösen.

Doch wir erleben auch, dass viele Denkmuster keineswegs lebensfördernd sind. Sie können uns und anderen schwer zu schaffen machen. Sie engen uns ein, lassen uns zwanghaft reagieren und aus bestimmten verengten Sicht- und Verhaltensweisen nicht herauskommen. Wer auf Neues nur ablehnend reagiert, nimmt sich viele Möglichkeiten. Wer stets offen und neugierig darauf zugeht, kann sich in unbedachte Risiken begeben. Wer anderen Menschen immer mit Skepsis begegnet, verschließt viele zwischenmenschliche Türen. Wer auf alle mit unbegrenzter Vertrauensseligkeit zugeht, erlebt möglicherweise schwere Enttäuschungen. Wer immer auf das Lob anderer ausgerichtet ist, vernachlässigt möglicherweise seine eigenen Interessen. Wer stets vom eigenen Unvermögen überzeugt ist, traut sich viele Schritte nicht zu.

So sehr wir von Mustern geprägt sind, so hoffnungsvoll ist doch die Botschaft der Gehirnforschung und vieler verhaltenstherapeutischer Verfahren, dass wir aktive Veränderungen vornehmen können. Wir sind nicht festgelegt und dürfen uns ein verändertes Denken zutrauen. Das ist kein Akt des Augenblicks, sondern Ergebnis einer nachhaltigen Entwicklung. Unser Umdenken kann uns befreien, das zu meiden, was uns schwächt und zermürbt. Umdenken kann uns befähigen, das zu leben, was uns schützt, stärkt und belebt.

Am Anfang steht die Selbstwahrnehmung

Eine lebensfördernde Korrektur eigener Denkweisen und Lebensmuster setzt als wichtigen Schritt eine ehrliche Selbstwahrnehmung voraus. Diese ist niemals einfach und niemals abgeschlossen. Wir neigen dazu, mehrere Rollen zu spielen, unterliegen Täuschungen und blenden Bereiche unserer Lebenswirklichkeit aus. Nicht selten machen wir uns über uns selbst etwas vor. Und wir verändern uns in Denken und Verhalten, Gewohnheiten und Prioritäten.

Die Selbstwahrnehmung ist ein außergewöhnliches Potenzial für uns Menschen. Es versetzt uns in die Lage, mit uns und unserer Wirklichkeit in einen selbstbestimmten (und auch spannenden) Dialog zu treten. Wir betrachten uns aus einer Selbstdistanzierung, können über uns selbst etwas lernen und entdecken. Wie reagieren wir in Begegnungen? Wie gehen mir mit Nähe und schönen Ereignissen um? Wie mit Konflikten und Problemen? Wie offen und wie verschlossen gehen wir auf andere zu? Mit welcher zuversichtlichen oder skeptischen Grundstimmung gehen wir an Herausforderungen heran? Wie empfänglich sind wir für Freude und wie anfällig für Sorgen und Grübeleien? Wie und wann erleben wir an uns Gelassenheit, Panik, Heiterkeit, Pessimismus, Leichtigkeit und Schwere?

Mit Willenskraft und aus innerer Entscheidung können wir daraus häufig Konsequenzen ziehen und verändernd in unser Leben eingreifen. Wir können besonders belastende Grundmuster identifizieren und nach Alternativen und veränderten Herangehensweisen suchen. Wir können aus Automatismen herausfinden und bewusst das Steuer in wichtigen Lebensabläufen übernehmen. Allein die Selbsterkenntnis ist oft schon ein verändernder Vorgang.

Eine erste Voraussetzung dafür sind Zeit und Ruhe. Zwar erfahren wir oft in Sekundenschnelle etwas Wichtiges über uns selbst (wie wir in einer bestimmten Situation reagieren, wann wir auf einmal ganz cool oder voller Angst sind). Doch der tiefere und zusammenhängende Blick für unsere Prägungen und Grundausrichtungen gelingt uns, wenn wir uns zurückziehen, Körper und Geist zur Ruhe kommen lassen und in aller Gelassenheit uns selbst reflektieren. Das kann bei einem ausgedehnten Spaziergang, an einem ruhigen Platz in der Wohnung, bei meditativer Musik oder auf einer Sonnenliege sein. Wichtig ist, dass die Gedanken, Fragen und Einsichten bezüglich uns selbst sich in uns ausbreiten können. Und wichtig ist es, diesem Geschehen in regelmäßigen Abständen Raum und Zeit zu schenken, um »bei sich zu bleiben«.

Eine zweite wichtige Hilfe kann der offene Austausch mit einer Person des Vertrauens sein. Ob dies Partner*in, Freund*in oder eventuell auch ein*e Coach*in oder Therapeut*in ist, liegt in unserer Entscheidung. Wir können aber davon ausgehen, dass der wohlmeinende Blick aus anderer Perspektive und die ehrliche Wahrnehmung eines Menschen aus unserem Umfeld sehr hilfreich sein kann. Ein vertrauensvoller Dialog kann verschiedene Aspekte eröffnen und unsere Selbstwahrnehmung schärfen und präzisieren. Dies geschieht vor allem dann, wenn unsere Gesprächspartner keine eigenen Interessen verfolgen und ihnen nicht daran liegt, uns in eine bestimmte Richtung zu manipulieren.

Das Fazit meiner Selbstwahrnehmung bleibt immer ein individueller und persönlicher Vorgang. Ich muss für mich Klarheit gewinnen, mir vergegenwärtigen, wie es mir derzeit geht, welche Grundmuster mich leiten, wo ich Bedarf sehe, in meinem Umgang mit meiner Lebenssituation und mit mir selbst Veränderungen anzustreben.

Die Vor-stellung von meinem Leben

Wir leben mit der Gabe, auf Zukunft ausgerichtet zu sein, unsere Zukunft zu planen, Vorstellungen von künftigen Geschehnissen zu entwickeln. Je nach Lebensbereich geschieht dies vorrangig rational (z. B. die Termine des nächsten Tages sinnvoll anordnen) oder emotional (z. B. sich ausmalen, wie das morgige Rendezvous verlaufen könnte). Meist werden die Anteile vernünftiger Planung und emotionaler Beteiligung gemeinsam und vermischt vorhanden sein.

Bei wenig zufriedenstellenden Situationen sagen wir oft: So habe ich mir das nicht vorgestellt. Dies kann in Bezug auf viele Lebensbereiche das Resultat einer ehrlichen Selbstwahrnehmung sein. Es stellen sich beispielsweise Fragen zu der Gestaltung des Arbeitstages, den zeitlichen Möglichkeiten im Alltag, dem Wechselspiel von Arbeit und Freizeit, der Beziehung und dem Familienleben. Die weiterführende Frage muss dann aber auch lauten: Wie habe ich es mir dann vorgestellt?

Oder noch zielführender: Wie stelle ich mir wichtige Lebensbereiche vor? Welches Bild von der Zukunft meiner Arbeit, meiner Lebensweise, meiner Stimmungen, meiner Sozialkontakte und vertrauten Beziehungen habe ich? Dabei geht es nicht um Traumfantasien. Wer hätte nicht die Vorstellung vom Karibikstrand, an dem wir jeden Tag verwöhnt werden oder von der völligen Harmonie aller zusammenlebenden Menschen. Es geht nicht um das Bild vom Schlaraffenland. Vielmehr sollten wir vor unser inneres Auge wichtige Wirklichkeiten stellen, die wir als erstrebenswert und für unser Wohlbefinden bedeutsam erachten. Im Kern geht es um die Frage: Wie will ich leben? Und was davon möchte ich nicht ständig zur Disposition stellen?

Unsere Lebenswelt ist so komplex, dass es dabei hilfreich und realistisch ist, nicht alle Anteile neu zu denken. Unsere Vorstellung kann sich vorrangig auf das ausrichten, was aus unserer Selbstwahrnehmung als besonders wichtig und notwendig hervorgegangen ist, wo wir uns das eigene Leben »ganz anders vorstellen«.

Die Vorstellungen und Zukunftsbilder einer jungen Mutter, die zwischen Familie und Beruf schier zerrieben wird, richten sich vermutlich auf Zeiten der Entspannung aus. Freiräume und Umorganisation des Alltags durch mögliche Entlastungen spielen dabei eine wichtige Rolle. Gestresste Arbeitskräfte, die von mehreren gesundheitlichen Risikofaktoren bedroht sind, stellen sich Veränderungen in der Lebensweise vor: die Beachtung von nötigen Ruhepausen, eine bewusstere Ernährung und regelmäßige Bewegung. Menschen, vor denen ungewisse Entwicklungen liegen und die von Zukunftsängsten gepeinigt werden, entwickeln eine Vorstellung von hilfreichen Gesprächen, bei denen sie Rat holen können. Sie planen einen ersten Schritt, der das Gefühl von Sicherheit stärken kann. Verändernde Kräfte in unserem Denken sind möglich und können eine dynamische Kraft entfalten. Doch dazu bedarf es einer Richtung und einer Bündelung. Das bloße Unbehagen, das Gefühl, dass sich »etwas« ändern muss, lässt uns ratlos zurück. Die konkretisierte Vorstellung von wichtigen Lebensbereichen kann diese Richtung aufzeigen. Wenn mir eine Richtung klar ist und ein Ziel vor Augen steht, kann ich auch erste Schritte des Weges planen. Und was in meinem Kopf beginnt, kann sich Schritt für Schritt verwirklichen. Wenn mir beispielsweise klar wird, dass meine Ernährung problematisch und gefährdend ist, kann ich mir die Kenntnisse beschaffen, welche Veränderungen gut wären. Ich kann abgewandelte und praktikable Ernährungsgewohnheiten planen und in die Tat umsetzen. Was in meinem Kopf geschehen ist, wird sich auf den Inhalt meines Kühlschrankes, auf meinen Speiseplan und meine Rezepte, mein Körpergewicht und mein Wohlbefinden auswirken. Das macht Mut zu weiteren Schritten.

Echte und vermeintliche Hindernisse

An guten Vorsätzen fehlt es nicht, dies kennen wir von jedem Jahresanfang. Aber die Umsetzung scheitert dann oft genug an den realen Gegebenheiten. Doch dies muss nicht sein. Unsere Vorstellungen und unsere Pläne müssen sich an unserer konkreten Lebenswirklichkeit orientieren. Sie dürfen einerseits nicht unrealistische Eingriffe vorsehen

(»Ab morgen wird mein ganzes Leben anders«) und andererseits nicht vorschnell Veränderungen als unmöglich abtun (»Das geht sowieso nicht«). Wir dürfen uns etwas zutrauen.

In der einzelnen Lebenswelt gibt es natürlich »echte« Hindernisse für wichtige Veränderungen. Wie sehr hatte ich in der Keuchhustenzeit meiner Kinder die Vorstellung von einer Nacht mit ungestörtem Schlaf. Allein, es war unmöglich und wochenlang musste ich mit deutlich reduzierter Schlafzeit zurechtkommen. Ein häuslicher Pflegefall setzt den Vorstellungen beliebiger Freizeitgestaltung und ausgedehnter Urlaubsreisen oft eine sehr reale Grenze. Finanzielle Engpässe können mir schnell klar machen, dass eine Reduktion der Arbeitsbelastung und eine Auszeit in anderer Umgebung auf absehbare Zeit einfach nicht drin sind. An diesen Realitäten können wir uns aufreiben, wir können damit hadern und sie jeden Tag beklagen. Sie können uns herunterziehen und damit machen wir es uns noch schwerer, ohne dass sich kurzfristig etwas daran ändert. Manche Grenzen kann man nur annehmen und akzeptieren, um sich nicht an ihnen wund zu scheuern.

Doch viele Hindernisse, die man oftmals sieht, sind nur scheinbar Hindernisse. Wir sollten uns selbst fragen, ob es nicht Ausreden der Bequemlichkeit und mangelnder Kreativität sind, die uns vorschnell innerlich zurückpfeifen. Für pflegende Angehörige gibt es die Möglichkeit einer Kurzzeitpflege, die eine Erholung ermöglicht. Das ist mit Anträgen, Organisation und möglicherweise auch emotionalen Reibungen mit der anvertrauten Person verbunden. Es kann mir aber die Erfahrung vermitteln, wie gut es tut, zwei Wochen Abstand zu gewinnen und diese freie Zeit ganz selbstbestimmt zu gestalten.

Nicht alle Verbesserungen einer Alltagskultur sind teuer und aufwändig. Ganz im Gegenteil. Ein vereinfachter Speiseplan erfordert vielleicht etwas Umstellung und Überlegung, kann aber Kosten und Zeit sparen. Der deutliche Wunsch nach mehr gemeinsamer Zeit in Partnerschaft und Familie erfordert keine teuren Umbauten und keine neuen Berufstätigkeiten. Oft genügt ein ausgiebiges Gespräch, eine Abstimmung zeitlicher Abläufe und die Bereitschaft, dass jeder sich ein wenig flexibel und kooperativ zeigt.

Der berühmte Spruch »Geht nicht gibt's nicht« hat eine rücksichtslose Seite, wenn er tatsächliche Grenzen und Hindernisse, aus denen Menschen eine gewisse Zeit nicht herauskommen, ignoriert und nicht ernst nimmt. Er hat aber auch eine wahre Seite, weil er deutlich macht, dass wir allzu oft meinen, etwas ginge nicht, wir bei genauer Überlegung und gedanklicher Offenheit aber durchaus entdecken können: Es gibt immer eine verändernde Möglichkeit.

Innere Stopp-Schilder

Zwei mentale Grundzüge begegnen uns immer wieder und erweisen sich vielfach als Problem: Manche verdrängen jeden problematischen Gedanken, weichen schwierigen Fragen aus und schieben unliebsame Überlegungen gekonnt und mit vielen Mechanismen beiseite. Verdrängung löst aber kein einziges Problem und lässt echte Schwierigkeiten nicht kleiner werden. Die Folge ist, dass uns verdrängte Lebensbereiche zu einem späteren Zeitpunkt oft gnadenlos einholen. Ein Stapel ungelöster und stets aufgeschobener Fragen bricht dann auf einmal über uns herein und überfordert unsere Kräfte.

Bei anderen kreisen die grübelnden Gedanken bei Tag und Nacht um echte und scheinbare Probleme. In jeder Situation werden die möglichen Schwierigkeiten gesehen. Sie lassen sich in entspannten und frohen Phasen immer wieder von den Trübnissen und Lasten einholen, die sie dann in ihrer Stimmung regelmäßig herunterziehen.

Beide Wege tun uns nicht gut. Ausweichen und Verdrängen schafft einen Problemstau. Ständiges Grübeln und pausenloses Wälzen der ungelösten Fragen lässt uns aus mentalen Tälern nicht mehr herauskommen.

Hilfreich ist es, sich regelmäßig Zeiten vorzunehmen, an schwierige Aufgaben und zu bewältigende Probleme gezielt heranzugehen. Es gibt eine Zeit, Lösungen zu planen, nötige Schritte zu gehen. Dies sollte zu Tageszeiten geschehen, an denen wir leistungsfähig sind und anschließend wieder andere Gedanken fassen können, wie beispielsweise am Vormittag oder frühen Nachmittag. Weniger geeignet sind Abendstunden oder Wochenendzeiten, die der Entspannung dienen sollten.

Strategien eines hilfreichen Wechsels problemorientierter und entspannender Phasen werden dann möglich, wenn es uns gelingt, innere Stopp-Schilder aufzubauen und zu bestimmten Zeiten den schwierigen Gedankenwelten keinen Spielraum zu gewähren. Oft holen uns diese mentalen Tiefstimmungen beim Erwachen ein und sie gewinnen dann eine überdimensionale Größe. Wenn es uns hier gelingt »Stopp« zu sagen und die Reflexion auf eine spätere Tageszeit zu verschieben, finden wir leichter wieder in den Schlaf.

Ein erholsamer Spaziergang in der Natur soll der Erholung dienen und ist in der Regel zu schade, um dabei innerlich nur um Probleme zu kreisen. Natürlich kann es auch einmal hilfreich sein, schwierige Fragen in der Bewegung durchzudenken und mit einer Begleitperson in Ruhe zu besprechen. Doch wir sollten das Wort »Frei-Zeit« ernst nehmen. Deshalb dürfen wir wichtige Entspannungszeiten frei halten von trüben oder belasteten Gedankenwelten. Die Ruheliege in der Sauna, das Wohlgefühl im Whirlpool, der Panoramablick in die Landschaft, die Lektüre eines guten Buches oder das Glas Wein mit einem vertrauten Menschen tun uns umso eher gut, je deutlicher wir diese Zeiten mit einem inneren »Stopp-Schild« schützen. Wenn wir uns dabei klar machen, wann wir uns dem Problem wieder stellen, entgehen wir auch der Verdrängungsfalle. So gelingt es uns, unbelastete Augenblicke zu erfahren. Leib und Seele können dann durchatmen.

Oft sind die Morgenstunden eine sehr gefährdete Zeit. Vielen hat es schon sehr geholfen, sich innerlich zu beruhigen und die auftauchenden Probleme des Tages bis nach dem Frühstück zu verschieben. Wenn der Kreislauf in Schwung gekommen ist, das Tageslicht aufkommt und ein gutes Frühstück uns stärkt, sieht die Welt oft schon wesentlich entspannter aus. Nicht selten ist es so, dass die Größe von belastenden Herausforderungen in unserer Wahrnehmung sehr variabel ist. Nach einem sinnvollen Aufschub und einer freien Zeit, in der wir diesen Lasten kein Gewicht geben, dürfen wir vielleicht erfahren, dass die Problematik gar nicht mehr so bedrohlich und schwer lösbar vor uns steht.

Solche gedanklichen Abgrenzungen gelingen nicht auf Anhieb und nicht immer. Doch wir können sie nachhaltig einüben und uns selbst bestimmte Areale unseres Lebens schenken. Trüben Gedankenwelten wird dann der Zugang verweigert, ohne sie zu verdrängen. Nach einer gewissen Zeit dürfen wir spüren, dass dies immer mehr gelingt und uns viel Lebensqualität und innere Ausgeglichenheit ermöglicht.

Die Kraft befreiten Denkens

In den Erzählungen über die großen Gründergestalten in den Weltreligionen begegnet uns eine unübersehbare Ähnlichkeit: Die Personen finden durch einen intensiven Prozess der Suche und der Auseinandersetzung zu einem Denken, das fortan ihre innerste Antriebskraft ist.

Mohammed geht als erwachsener Mann in die Einsamkeit am Berg Hira, meditiert dort in einer Höhle und empfängt Visionen, die ihn auf seinen neuen Weg bringen und seine Sendung bestimmen. Siddharta Gautama sucht die Antworten auf die Herkunft und Bewältigung des Leids durch asketische und selbstkasteiende Übungen. Bis er meditierend unter einem Baum zur Erleuchtung findet, die seinen weiteren Weg und den Buddhismus entscheidend prägt. Jesus von Nazareth geht vierzig Tage in die Wüste, erlebt in der Entbehrung die Versuchung der Macht, widersteht ihr und kehrt dann an den See Genesareth zurück, wo er seine Verkündigung in Wort und Tat beginnt. Allen dreien ist gemeinsam, dass in ihrem Denken ein Wendepunkt und eine Verdichtung stattgefunden haben, die fortan ihr Leben bestimmen und gestalten.

In vielen Lebensgeschichten lässt sich diese Erfahrung in ähnlicher Weise erkennen. Mein Vater, der nach ärmlicher Kindheit neun Jahre seines Lebens als Soldat und Kriegsgefangener »verloren« hat, war zutiefst von dem Gedanken geprägt, seinen Kindern ein besseres Leben zu ermöglichen. Dies bezog sich auf seinen Arbeitsfleiß zur wirtschaftlichen Absicherung seiner Familie. Aber auch auf sein soziales und politisches Engagement, mit dem er einen Beitrag leisten wollte, die unheilvolle Vergangenheit nicht zu wiederholen.

Wenn in unseren Gedanken klar wird, was wir wollen und was nicht, gewinnen wir stabile Standpunkte. Wenn uns bewusst und deutlich wird, wovon wir uns hindern und beschränken lassen und an welchen Stellschrauben unseres Lebens Veränderungen angesetzt werden können, dann kann sich eine Dynamik entfalten, die uns frei macht von Bedenken und Zwängen. Dadurch erwächst in uns auch die Kraft, Gedanken zu Wirklichkeiten werden zu lassen.

Wenn mir klar wird, dass mein Streben nach immer mehr Besitz mich zum Getriebenen macht und ich von all dem Vermögen eigentlich gar nichts habe, lebe ich »aufgeklärt«. Dann kann sich die befreiende Gelassenheit ausbreiten, dass ich mir einen Vorteil entgehen lassen kann, dass ich bei einer Gewinnausschüttung nicht beteiligt bin, ohne damit in Not zu rutschen.

Wenn ich zutiefst bejahe, dass vertraute und tiefe Gespräche mit nahen Menschen zum Wichtigsten im Leben gehören, macht es mir nichts aus, bei bestimmten Veranstaltungen nicht dabei zu sein. Dann kann ich getrost manche Events verpassen und in einigen Chats den Anschluss verlieren. Wenn ich mich ehrlich selbst wahrnehme und mir klar mache, dass manche meiner Probleme, über die ich beständig grüble, im Vergleich zu echten Lebensbedrohungen eher geringfügig sind und ich mich zuweilen in Luxusproblemen verliere, dann kann dies Gefühle und Gedanken buchstäblich ent-lasten.

Menschen berichten immer wieder von dem Augenblick, in dem ihnen etwas wie Schuppen von den Augen fiel. Auf einmal wurde ihnen völlig klar, was sie nun tun oder lassen müssen, welche Veränderung ansteht, welche Neuorientierung sie vornehmen werden. Dieser Augenblick ist meist der Endpunkt längeren Nachdenkens und vieler Überlegungen. Oft bleibt noch völlig unklar, *was* nun alles ansteht und wie abzusehende Schwierigkeiten zu bewältigen sind. Doch Menschen mit dieser Erfahrung berichten auch, wie diese

Situationen eines ganz klaren Gedankens und Entschlusses große innere Ruhe und Befreiung auslösen.

In allen Religionen spielt die Ermutigung, das Denken zu verändern, umzukehren, sich innerlich zu erneuern im Vordergrund. Dies wurzelt in der Erfahrung, dass die großen schöpferischen Kräfte, denen wir im Kosmos und in unserem Leben begegnen können, dann ihre Kraft entfalten können, wenn wir ihnen Aufmerksamkeit schenken. Wenn wir sie zulassen, wenn wir anfangen umzudenken, beginnt Veränderung. In jedem Augenblick unseres Lebens kann dies beginnen.

»Verändertes Denken verändert das Leben«

Im Dialog mit PD. Dr. Katharina Schmid

Die in Wien habilitierte Ärztin Dr. Katharina Schmid, betreibt in Straubing eine fachärztliche Praxis für Pathologie. Aus ihrem Interesse für ganzheitliche Gesundheitskonzepte und mit einer Weiterbildung für Traditionelle Chinesische Medizin (TCM) bietet sie Gesundheitsberatungen, Vorträge und Seminare an (https://happy-and-healthy.org/dr-katharina-schmid/). Ihr Buch »Kopfsache gesund – die Wissenschaft entdeckt die Heilkraft der Gedanken« (Wien 2018) findet viel Beachtung. Darin plädiert sie auf der Grundlage moderner wissenschaftlicher Erkenntnisse aus Quantenphysik, Neurobiologie und Epigenetik für ein Gesundheitsbewusstsein, das auf die Kraft der Gedanken setzt und im Kopf beginnt.

Kurz und bündig nennt Dr. Katharina Schmid eine fundamentale Ursache für die Zunahme an Stress und Belastungen: Reizüberflutung. Jeder Sinnesreiz kann Gedanken, Emotionen und körperliche Reaktionen hervorrufen. Weil uns viele der neuen digitalen Reize fremd sind, sind es oft unangenehme Empfindungen. Ob wir die Reaktionen auf Reize angenehm oder unangenehm empfinden, entscheidet letztlich der Kopf. Daher ist die mentale Einstellung von zentraler Bedeutung. Mit unseren Gedanken können wir steuernd auf die Emotionen und die Reaktionen der ältesten Hirnregionen einwirken.

Katharina Schmid spricht anschaulich vom »Bodyguard«, den entwicklungsgeschichtlich ältesten Hirnregionen im Hirnstamm. Sie bezeichnet dieses Areal aufgrund seiner Funktionen auch als »Reptiliengehirn«. Das »Säugetiergehirn«, wesentlich jünger und doch über 100 Millionen Jahre alt, unter anderem Sitz der Emotionen und Triebe, nennt sie unter Bezug auf das limbische System »Tante Limbisch«. In der jüngeren Entwicklung ist der Neocortex hinzugekommen, das Großhirn mit Willen und Bewusstsein. Erst vor 150.000 Jahren fand der letzte große Entwicklungsschub statt. »Das ist so, wie wenn im Betrieb ein junger Chef einsteigt. Der wird noch nicht so recht akzeptiert und muss sich erst langsam als Boss etablieren«, veranschaulicht Frau Dr. Schmid das Grundproblem mentaler Einflüsse auf unser Wohlbefinden.

Die ersten Lebensjahre des Kleinkindes sind weitgehend vom Reptilien- und Säugetiergehirn geprägt. Der Neocortex entwickelt seine Steuerungsfunktion erst später. »Bodyguard« und »Tante Limbisch« kennen nur Schwarz oder Weiß, Sicherheit oder Todesgefahr, Wohlbefinden oder Stress. Und hier beginnt die Problematik der Resilienz. Diese kann sich dann entfalten, wenn das Kind angesichts bedingungsloser Zuwendung Raum findet, angst- und stressfrei seine Begabungen und sich selbst zu entdecken. Liebesentzug und Strafe verursachen Überlebensängste. Sie lösen enormen Stress aus und prägen angsterfüllte Grundmuster. Ständige Wettbewerbssituationen, das Schwarz-Weiß-Denken von Sieger und Verlierer gefährden einen hilfreichen Entwicklungsraum. »Bodyguard« und »Tante Limbisch« wehren sich aber gegen eine Veränderung, weil es ihrem Grundmuster widerspricht. Ihnen geht es um das Überleben. Daher verharren sie im Muster von Sicherheit und Todesgefahr. Auch dann, wenn es keineswegs um Sein oder Nichtsein geht. In diese seit Urzeiten geprägten Kreisläufe gilt es bewusst einzugreifen.

Die Ärztin hält im Umgang mit den älteren Anteilen unseres Gehirns den Vergleich der Erziehung von Haustieren für anschaulich und hilfreich. »Auch den Bello, der dauernd auf den Tisch springt, muss ich erziehen.« Aber das erfordert Konsequenz. Dr. Katharina Schmid bezieht sich auf den Neurowissenschaftler und Nobelpreisträger Eric Kandel (*1929). Er hat aufgezeigt, dass in einem Zeitraum von etwa sechs Monaten eine Neuverschaltung von Synapsen im Gehirn möglich wird. Mit Ausdauer und Konsequenz können wir uns mental umorientieren. So lohnt sich auch ein längerer Zeitraum der Einübung von etwa zwei Jahren, weil alle Lebensbereiche, von der Gesundheit bis zu den Beziehungen, davon profitieren. Dr. Schmid hält dabei ähnlich wie bei der Erziehung von Haustieren (»Sitz« »Aus« »Bei Fuß«) kurze Kommandos für wichtig. Prägnant und verständlich können sie in kritischen Situationen Mut machen (z.B.: »Bleib ruhig«, »Erst mal tief durchatmen«, »Keine Panik«, »Zeit für eine Pause«)

Im Prozess der mentalen Umorientierung, der Erziehung von »Tante Limbisch« und dem »Bodyguard«, geht es letzten Endes darum, den beiden klar zu machen, dass sich die Zeiten geändert haben. Alte Todesgefahren bestehen nicht mehr. »Es geht darum, den beiden Protagonisten Sicherheit zu vermitteln.« Alles, was nicht mit Gefahr verbunden ist – Singen, Tanzen, Spazierengehen im Freien – signalisiert Sicherheit. Daher sind Achtsamkeitsübungen zum Aufbau der Resilienz auch so wichtig und hilfreich. Sie ermöglichen Entspannung und vermitteln damit Sicherheit. Dies initiiert einen Abbau von Stresshormonen.

Da es nicht ausreicht, nur bewusste Befehle zu erteilen, spielen für Dr. Schmid sogenannte »Zielbilder« eine wichtige Rolle. Dabei sollen wir uns ein positives Bild von einer wünschenswerten Zukunft machen, das eine gewisse Leichtigkeit und Lebensfreude beinhaltet. Dieses Bild gilt es in unserer Fantasie zu vergegenwärtigen und gedanklich zu vertiefen. Der Neocortex formuliert einen Gedanken, der für sich biochemisch noch gar nichts auslöst. Doch er ruft ein (möglicherweise unsicheres) Gefühl hervor. Erst wenn Gedanken mit Gefühlen und inneren Bildern verbunden sind, entfalten sie eine Wirkung auf unseren Organismus (im Unterschied zum reinen positiven Denken). Wir können ganz bewusst positive innere Vorstellungen konkret und sinnlich assoziieren. Prof. Kandel konnte aufzeigen, dass das Gehirn dabei nicht zwischen realen Erfahrungen und ausgedachten Bildern unterscheiden kann. Je intensiver das Gefühl, desto eher wird die Erfahrung an wichtiger Stelle im Gedächtnis abgespeichert. Dadurch können negative Erfahrungen regelrecht »überschrieben« werden.

Damit verändert sich auch der Filter, der entscheidet welche der Millionen Reize, die wir in jeder Sekunde aufnehmen, in unser Bewusstsein kommen. Wenden wir konsequent positive Zielbilder an, gelangen vermehrt positivere Signale in unsere Wahrnehmung. Denn es werden vorzugsweise die Inhalte übermittelt, mit denen wir uns aktuell beschäftigen.

Mit dieser gedanklichen Arbeit – davon ist Dr. Schmid aufgrund zahlreicher Erfahrungen überzeugt – können wir darauf hinwirken, dass der Neocortex in uns und zu unserem Wohl den »Chefposten« übernimmt. Selbstwahrnehmung und Selbstbewusstsein unterscheidet uns von den Tieren. Sie befähigen uns, Muster zu durchschauen und Reaktionen einzuordnen. Sie ermöglichen, die an sich hilfreichen und überlebensnotwendigen Aktivitäten von Reptilien- und Säugetiergehirn im Sinne unseres Wohlbefindens zu ergänzen und zu beeinflussen. Die Zielbilder sind dabei Hilfsmittel, neue und lebensfreundliche Muster zu aktivieren.

Mentale Arbeit hat für Katharina Schmid eine aktive Seite, durch die Ideen geboren und entwickelt werden. Doch sie sieht auch die Notwendigkeit einer zweiten, passiven Seite. So können wir diese gedanklichen und bildhaften Prozesse in unser Leben treten und entfalten lassen. Dabei verwendet sie die Formulierung von einer »direkten Erfahrung des Seins«, die nach ihrer Einschätzung häufig viel zu kurz kommt. Diese Erfahrung des Seins sieht sie als spirituelle Erfahrung, in aller kulturellen und individuellen Verschiedenheit und Offenheit. Doch es ist stets wichtig, dass diesen Erfahrungen Raum und Zeit gegeben wird.

Frau Dr. Schmid kommt noch auf die Quantenphysik zu sprechen, von deren Erkenntnissen zum Mikrokosmos sie fasziniert ist. Sie erzählt vom Vergleich eines Quantencomputers mit dem Aufbau des Kosmos, den ein Wissenschaftler gezogen hat. Die Gestirne im Kosmos übersteigen die Zahl unserer Hirnzellen um ein Vielfaches und so ist unser begrenztes Begreifen nie in der Lage, die Fülle des Kosmos zu erfassen. Dies sieht sie als hilfreiche Analogie: »So ähnlich ist es auch mit Gott, auch ihn können wir in unserer Begrenztheit nicht begreifen.« Aber wir können diese andere Wirklichkeit erleben und wahrnehmen. Und daraus Kraft zum Leben schöpfen.

Was ich im Alltag versuchen kann

Dankbar und in Vorfreude

Schon am Abend können wichtige Weichen für den nächsten Tag gestellt werden:

- Einige Notizen am Abend, wofür ich am vergangenen Tag dankbar bin, stärken positive Erfahrungen und verringern den Anteil negativer Gedanken. Wenn ich mich dabei nochmals intensiv und bildhaft erinnere, stärke ich hilfreiche Emotionen.
- Ebenso helfen mir einige Stichpunkte, worauf ich mich am nächsten Tag freue, ggf. kann ich mir sogar noch etwas vornehmen, was meinen kommenden Tag verschönt. Ich stelle mir davon etwas deutlich vor. Mit dieser Übung richte ich mich in freudiger Grundstimmung auf den nächsten Tag aus und beeinflusse damit auch mein Erwachen.

Den Tag in Empfang nehmen

Besonders die erste Tagesphase ist für viele Menschen durch belastende Gedankenwelten bestimmt. Daher sind am Morgen kleine Rituale hilfreich:

- Ich stelle mich beim Aufstehen aufrecht vor mein Bett, stehe auf beiden Beinen und atme einige Atemzüge langsam und bewusst. Ich strecke und dehne mich und signalisiere damit meinem vegetativen Nervensystem eine entspannte Grundhaltung. Ich öffne meine Arme zur Seite und sage mir selbst: Ein neuer Tag ist mir geschenkt. Ich nehme ihn dankbar an. Ich stelle mich seinen Aufgaben. Ich darf zuversichtlich sein.
- Ähnlich können wir dieses kleine Ritual auch vor dem Spiegel im Badezimmer durchführen. Statt ausgebreiteter Arme können wir auch die Hände zu einer Schale formen und damit ausdrücken, dass wir offen sind für die Erfahrungen und Begegnungen des Tages. Am Ende können wir mit beiden Füßen fest auftreten: Ich stelle mich dem Tag.
- Die Einstimmung in den Tag kann auch nach Morgentoilette und Frühstück in wenigen Minuten am Schreibtisch oder in einem Sessel stattfinden: Was wartet heute auf mich? Worauf muss ich heute besonders achten? Wo ist der Bereich, in dem ich es mir heute gut gehen lassen kann? Anschließend stehe ich langsam und bewusst auf, spüre das Gewicht auf meinen Füßen und setze mich in Bewegung. Ich gehe in den Tag hinein.

Kleine Qi-Gong-Übungen zur mentalen Ausrichtung auf den Tag

Die jahrtausendealte Pflege der Lebensenergien, die sich im Qi Gong mitteilt, kennt unzählige hilfreiche Übungen und ist in seiner Wirkung mittlerweile auch wissenschaftlich belegt. Kurse in vielen Einrichtungen, einfache Anleitungsbücher und auch Lehrvideos im Internet lassen uns leicht einige Grundübungen finden, die bei regelmäßiger Anwendung sehr guttun können.
Als Ausgangspunkt helfen uns

- ein entspannter, hüftbreiter Stand auf beiden Beinen
- leicht nach vorn geneigte Knie
- ein etwas vorgeschobenes Becken und
- eine aufrechte Ausrichtung des Scheitels

Unter den vielen möglichen Übungen sind die beiden skizzierten Übungen leicht durchzuführen und gerade am Morgen sehr dazu geeignet, uns ins Gleichgewicht und in eine positive Grundstimmung zu bringen:

Das Qi wecken (Arme beim Einatmen vor dem Oberkörper anheben und zum Ausatmen wieder sinken lassen)

Die Wolken teilen (Arme vor der Brust kreuzen, über dem Kopf Hände nach außen drehen und seitlich abwärts bewegen)

Mir selbst auf die Spur kommen

Als Übung zur Selbstwahrnehmung kann an fünf Werktagen jeweils ein Grundmuster meiner Persönlichkeit besonders aufmerksam von mir beobachtet werden. Dabei kann ich an jedem Tag auch Ansatzpunkte finden, wo ich gerne Änderungen vornehmen würde. Eine abendliche Reflexion kann dies gut zusammenfassen.

	Worauf ich an mir besonders achte	Was mir auffällt
Tag 1	Meine Grundstimmung (zuversichtliches und bedrücktes Grundgefühl, gelöste und beschwerte Stimmungen, positive Aktivität oder Widerwillen ...)	
Tag 2	Meine Formen der Begegnung (offen oder eher zurückhaltend, wertschätzend oder eher skeptisch, aktiv oder schüchtern, dominant, vermeidend ...)	
Tag 3	Meine Belastbarkeit (Reaktion bei Stress, planvoll oder konfus, hektisch oder gelassen, kooperativ oder gereizt, ausdauernd oder resignierend ...)	
Tag 4	Mein Selbstvertrauen (schnelle Zweifel oder Glaube an mich selbst, Verunsicherung oder Stabilität, Reaktion auf Kritik, Risikobereitschaft oder ständige Absicherung, Bereitschaft zu Entscheidungen ...)	
Tag 5	Meine Gefühle (Zeiten der Freude und aufkommende Ängste, Wut und Ungeduld, Ausgeglichenheit, Ausmaß von Humor, Traurigkeit, Mitgefühl, Ausgelassenheit ...)	

Es kann sehr aufschlussreich sein, die Übung nach einigen Wochen zu wiederholen.

	Was ich achtsamer angehen möchte

Hilfreiche »Slogans« für Alltagssituationen bereithalten

In großer Anspannung differenzieren wir akute Probleme nicht mehr in ihrer Vielschichtigkeit. Deshalb sind kurze Kommandos, die einfach strukturiert sind (siehe Dialog mit Dr. Schmid), sehr hilfreich. Wenn wir uns gut kennen, können wir einige solcher Kommandos vorbereiten, die wir in entsprechenden Situationen uns selbst gegenüber anwenden. Z. B.:

- Atme ruhig und sage jetzt nichts.
- Das probierst du jetzt einfach.
- Gib dir einen Ruck.
- Ganz gelassen bleiben.
- Trau dich.
- Keine Hektik. Eins nach dem anderen.
- ...

Zum Weiterlesen

Bauer, Joachim: Selbststeuerung. Die Wiederentdeckung des freien Willens, München 2015

Kessler, Christof: Glücksgefühle. Wie Glück im Gehirn entsteht, München 2017

Schmid, Katharina: Kopfsache gesund. Die Wissenschaft entdeckt die Heilkraft der Gedanken, Wien 2018

Tischinger, Michael: Selbstliebe. Weg der inneren Heilung, Freiburg i.Br. 2017

Wes Geistes Kind ich bin …

Bewusst oder unbewusst lebt jeder Mensch mit »Grundsätzen«, mit »persönlichen Glaubenssätzen«. Innere Überzeugungen lenken uns und geben Impulse. Eine geistige Ausrichtung wirkt formgebend und richtungsweisend für das Verhalten und das Denken. Diese Grundierung der eigenen Lebensgestalt geht noch tiefer als die Gedankenwelten, die uns beschäftigen und bewegen. Sie sind teilweise Prägung und tief eingebettete Gewohnheiten. Aber auch durch lange Zeit gewachsene Erfahrungen und bewusste Entscheidungen für Grundwerte im Leben.

Es gibt Menschen, die werden von der Idee des Wettbewerbs gesteuert, wollen stets der oder die Beste sein und investieren ihre Kräfte in Konkurrenzdenken, Vergleiche und Rangordnungen. Genauso gibt es Menschen, die von einem Harmoniedenken geprägt sind, die niemanden verletzen wollen, sich auf partnerschaftliche Begegnung und gleichberechtigte Umfangsformen ausrichten. Die einen wollen Macht und Einfluss, sehen in der individuellen Gestaltung von Lebensbereichen ihre »Berufung«. Die anderen sehen ihren Platz im Zusammenwirken mit Gleichgesinnten, gerne auch in der zweiten Reihe. Ehrlichkeit und Vertrauenswürdigkeit sind für manche Lebensgrundsätze, die nicht zur Disposition stehen. Gewinn und Besitz um jeden Preis, der persönliche Vorteil oder die eigene Behaglichkeit können dies genauso sein.

Welcher Grundton in unserer Lebensführung, in unseren Haltungen und Entscheidungen sichtbar wird, unterliegt in der persönlichen Geschichte einem Wandel. Er steht in der Verbindung mit der familiären Prägung, mit wegweisenden Erfahrungen, mit kulturellen und religiösen Orientierungen.

Besonders an wichtigen Lebensstationen wie dem Eintritt in das Berufsleben, der Gründung einer Familie, dem Verlust naher Menschen oder dem Älterwerden tauchen Fragen aus der Tiefe auf: Worauf verlassen wir uns? Was verleiht uns tragfähigen Boden unter den Füßen? An welchen Wertigkeiten richten wir wichtige Entscheidungen aus?

Auch tiefe Krisen lösen diesen Denkprozess aus. In Krankheit und schwerem Zerwürfnis, bei Erschütterungen der Lebensgrundlagen und angesichts schmerzender Verletzungen buchstabieren wir die Prioritäten des Lebens neu durch. Das, was uns wichtig und unverzichtbar ist, erscheint in neuem Licht. Diese Erfahrung machen wir auch in Situationen des erschöpften Ausgebranntseins. Wir kennen das Gefühl, an einem Punkt im Leben angekommen zu sein, an dem es so nicht mehr weitergeht, an dem tiefgreifende Veränderungen anstehen.

Daher ist die Frage »Wes Geistes Kind ich bin?« auch immer wieder eine elementare Frage, die sich nicht auf kleine Segmente der Lebensbewältigung bezieht, sondern in der es um das »Ganze« geht. Der größere Zusammenhang steht zur Diskussion. Lebensgrundsätze wirken sich auf das Alltägliche aus, gehen aber über sie hinaus. Sie sind sehr persönliche Grundorientierungen, aber sie sind nicht nur ein individuelles Konstrukt. Sie greifen über die eigenen Bereiche hinaus und stehen in Verbindung mit oft weitreichenden Traditionen und Inspirationen.

Be-sinnung

Das Wohlergehen des Menschen, seine Energie und sein Engagement, seine Prioritäten und wegweisenden Entscheidungen stehen in entscheidendem Zusammenhang mit seiner persönlichen Sinnantwort. Viktor E. Frankl (1905–1997), der Begründer der Logotherapie, der das Konzentrationslager Auschwitz überlebt hat und Autor des vielfach gelesenen Buches » … trotzdem Ja zum Leben sagen« (München 1982) ist, hat die Sinnfindung des Menschen in den Mittelpunkt seiner Betrachtungsweise und seines Therapieverständnisses gestellt. Im Lebenssinn sieht er die entscheidende Ressource des Menschen.

Dies können viele Menschen gut nachvollziehen. Auch im Blick darauf, wie offensichtliche Sinnlosigkeit Kräfte raubt und Energie erlahmen lässt. Eine »sinnlose« Tätigkeit, der man keinerlei Bedeutung zumessen kann, ermüdet und wird innerlich abgelehnt. Eine Mühe, die ohne Aussicht auf ein sinnvolles Ergebnis erbracht werden soll, unterliegt von Anbeginn einem Energiemangel.

Menschen suchen in ihrem Leben nach Sinn und Bedeutung. Sie wollen wissen, warum sie das eine oder andere tun sollen. Sie fragen, wofür sie leben und warum es gut ist, in eine Zukunft zu gehen. Dies können situativ kurzfristige »Sinnantworten« wie der naheliegende Genuss oder eine anstehende Entlastung sein. In der Konsequenz geht es aber um Lebensentwürfe. Beispielsweise um einen lebenslangen Einsatz für ein Ideal, das da sein für anvertraute Menschen oder die Gestaltung eines zufriedenen und erfüllten Lebens.

Die Frage, wofür jemand lebt, wächst mit den Lebensjahren und mit den Erfahrungen. Kinder in ihrer Bedürfnisorientierung werfen diese Frage noch nicht auf, Jugendliche in ihrer Selbstdistanzierung und Identitätsfindung begegnen ihr sehr wohl. Im Schaffen von Lebensgrundlagen und in der Bewältigung von Aufgaben gewinnt die Sinnfrage ihren Stellenwert im Bereich der Motivation und der inneren Haltung. In Krisen und an entscheidenden Wegmarken rückt der Aspekt des Halts und tragender Wurzeln in den Mittelpunkt. In den wichtigen Beziehungen und bei bedeutsamen

Grundentscheidungen versuchen wir, uns auf etwas zu verlassen, aus Vertrauen zu leben.

Die kleinen alltäglichen und die weiträumig ausgreifenden Sinnfragen sind aber nicht im Vorübergehen zu beantworten. Sie fußen auf Nachdenken, Innehalten, Abwägen, Überlegen – kurz: Sie setzen die Haltung der »Be-sinnung« voraus. Besinnung kann stattfinden, wenn die alltäglichen Abläufe unterbrochen werden. Wenn wir uns Zeit nehmen und ohne Handlungsdruck und unnötige Ablenkung ernsthaft fragen, was uns beseelt, warum wir etwas tun oder lassen, auf welchem »Grund« wir uns derzeit bewegen.

Solche Besinnungszeiten sind als tägliche Übung hilfreich, können den Tag einrahmen oder in der Mitte des Tages eine Phase der Sammlung eröffnen. Besinnung ist aber auch als grundsätzliches Nachdenken in größeren Zeiträumen nötig und hilfreich. In kritischen Lebensphasen hilft uns eine »Auszeit«, ein Rückzug in eine wohltuende Umgebung. Damit wir ungestört und in Ruhe die Fragen aufarbeiten können, die nach dem grundlegenden Sinn in unserem Leben fragen.

Besinnung kann Vergewisserung sein aber auch Wege infrage stellen. Sie kann uns bestärken, dass wir uns trotz aller Beschwernisse auf dem richtigen Weg befinden. Sie kann uns aber auch verdeutlichen, dass Korrekturen und Veränderungen anstehen. Besinnung kann vorübergehend verunsichern, weil Selbstverständlichkeiten ins Wanken geraten, sie kann aber auch motivieren und anregen, weil sich neue Perspektiven und Gewichtungen auftun. Besinnung kann »sinnlose« Kreisläufe durchbrechen, Oberflächlichkeiten durchdringen und neues, unerwartetes Gedankengut entdecken. Auf jeden Fall kann sie uns auf einen verlockenden Weg führen, weil sie unser Grundbedürfnis nach Sinn ernst nimmt. So können Ressourcen zugänglich werden, die uns Stabilität und klare Orientierung ermöglichen.

Begrenzung und Transzendenz

Ein Kind findet im Wald einen toten Vogel. Es ist erschüttert, wird mit Sterblichkeit und Vergänglichkeit konfrontiert, vielleicht weint es sogar und will das Tier begraben. Meist beginnen dann auch die Fragen: Warum musste dieses Tier sterben, was ist geschehen, warum müssen Geschöpfe überhaupt sterben, gibt es ein Paradies für Vögel, was kommt nach dem Tod? Wer mit Kindern lebt, kennt diese bohrenden, manchmal nicht enden wollenden Fragen.

Die Frage nach dem Sinn im Leben führt uns immer wieder an zwei ganz zentrale Erfahrungsbereiche. Als Geschöpfe in Raum und Zeit werden wir lebenslang mit Grenzen und Beschränkungen konfrontiert. Zuweilen wird uns schmerzlich klar, dass wir Verläufe des Lebens nicht jederzeit in der Hand haben. Wir werden von Ereignissen erfasst und erleben uns ohnmächtig. Wir verstehen und begreifen das oft nicht und fragen nach dem Warum.

Schicksal und Krankheit, Naturgeschehen und politische Entwicklungen schränken unsere Wirkkräfte ein. Andere Menschen treffen Entscheidungen und beeinflussen damit unser Leben. In bestimmten Situationen werden uns Endlichkeit und Vergänglichkeit des Lebens besonders eindringlich bewusst. An solchen Grenzen zweifeln wir immer wieder an der Sinnhaftigkeit und zugleich suchen wir danach.

Doch neben Begrenzung und Einschränkung kennen wir auch die Erfahrung der Überschreitung. Wir fragen und suchen über unsere ganz individuellen Situationen und begrenzten Horizonte hinaus. Unsere Fragen reichen weiter als unsere Antworten. Und unsere Gedanken lassen sich nicht aufhalten.

Wir spüren unserem Selbstwert nach und setzen uns mit der eigenen Person auseinander. Zugleich erfahren wir, dass dieser Prozess immer in Verbindung mit der Zuwendung anderer, Anerkennung und geschenktem Grundvertrauen steht. Wir verwirklichen uns an einem konkreten Ort zu einer konkreten Zeit, doch wir können uns aus den Familiengeschichten, aus großen Entwicklungen von Herkunft und Geschichte, aus Abläufen der Natur, des Werdens und Vergehens nicht herauslösen. Wir erleben uns immer wieder als Teil von etwas Größerem, das wir nicht restlos begreifen.

So überschreiten wir die individuellen und vereinzelten Erfahrungen immer wieder, gehen über uns und das Hier und Jetzt hinaus. Dieses Überschreiten ist auch gemeint, wenn wir von Transzendieren sprechen. Wenn wir Antworten auf Lebensfragen gefunden haben, hört das Fragen nicht auf. Wenn wir Ziele erreicht haben, gerät unser Leben nicht in Stillstand. Wir entwickeln uns und gehen voran. Wir gehen in die Tiefe und erweitern die Reichweite unserer Fragen und Gedanken.

Das Überschreiten der punktuellen Wirklichkeit hat viele verschiedene Akzente. Es findet statt, indem wir soziale Zusammenhänge realisieren und uns als Teil einer größeren Gemeinschaft begreifen. Es ereignet sich, wenn wir uns im Kontext von kulturellen Prägungen und Traditionen reflektieren.

Transzendieren findet statt, wenn wir uns in Verbindung mit der Natur und dem Kosmos sehen. Wenn uns deutlich wird, wie groß und oft unbegreiflich das ist, was uns umgibt und prägt. Unsere Herkunft und unsere Zukunft können in großen Zusammenhängen betrachtet werden. Uns wird bewusst, dass es so viel »mehr« gibt, als das, was vordergründig und begreifbar vor uns steht.

Daher hat Transzendieren für viele Menschen auch eine tiefe religiöse Dimension. Die Erfahrung eigener Begrenzung und des Eingebundenseins in oft auch geheimnisvolle und staunenswerte Dimensionen wirft die Frage nach umfassendem Sinn auf. Ist alles ein Ablauf von Zufällen? Leben wir in zwangsläufigen Entwicklungen und stets erklärbaren Prozessen? Oder tut sich hinter der erfahrbaren Wirklichkeit eine Dimension des Geheimnisses, des Göttlichen auf?

Diese Fragen sind so alt wie die Menschheit und sie werden ganz unterschiedlich beantwortet. Die Menschheitsgeschichte zeigt, dass die verschiedenen Antworten nicht folgenlos bleiben. Das Staunen über Natur und Umwelt löst andere Haltungen aus als eine funktionale Erklärung aller Abläufe. Der Schauder über die unbegreiflichen Dimensionen des Kosmos wirkt in uns anders als eine Begrenzung allen Denkens auf die Wirklichkeiten in meiner kleinen Welt.

Die Grunderfahrung, dass jede Antwort neue Fragen eröffnet, dass jede momentane Realität überschritten werden kann und unser Leben immer wieder vor neuen Denkhorizonten und Entwicklungen steht, kann uns auf der einen Seite offen und demütig machen. Zugleich kann sie uns dafür sensibilisieren, dass wir immer Suchende und Fragende bleiben.

Die »ganz andere« Erfahrung

Mitten im Alltag, mitten in der Bewältigung scheinbar banaler Abläufe sind Menschen offen für ganz eigene, umwälzende und letztlich sich jeder Erklärung entziehende Erfahrungen. Da gibt es den Augenblick, wo auf einmal die Zeit stehenzubleiben scheint. Es gibt kein Vorher und Nachher, sondern es ereignet sich eine Einsicht, eine Lebensschau, eine Schlüsselerfahrung. In ihr liegt vielleicht die Kraft unglaublicher Veränderung. Viele Lebensgeschichten berichten von diesen Augenblickserfahrungen und deren Konsequenzen.

Von solchen Erfahrungen berichtet auch die Mystik, deren Entfaltungen wir in allen großen Religionen begegnen. Mystik meint eine Form unmittelbarer religiöser Anschauung, eine Erfahrung tiefster Einsicht in das Geheimnis des Lebens. Mystik berührt einen Bereich innerster Versenkung und kaum mitteilbarer Anschauung dessen, was als das Göttliche bezeichnet wird. Im Sufismus des Islam begegnet uns eine große Tradition von Mystikern, ebenso in der jüdischen Kabbala. Meister Eckhart, Angelus Silesius und Hildegard von Bingen sind bekannte christliche Beispiele der Mystik.

Letztere erzählt beispielsweise in bildhafter Sprache von einem Aufsteigen ihrer Seele in göttliche Sphären, von blitzendem und feurigem Licht aus offenem Himmel. Auch Angelus Silesius spricht von einem göttlichen Feuer in sich und verwendet sprachliche Paradoxien für das Unsagbare, das ihn ganz und gar ergreift. Er erlebt eine innere Schau, in der es kein Vorher und kein Nachher und keine Erklärung mehr gibt.

Natürlich machen viele Menschen diese so beschriebenen Erfahrungen niemals in ihrem Leben und natürlich ist eine Unterscheidung der Geister angebracht. Wahn und Rausch, Zwangsvorstellung und krankhafte Veränderungen können durchaus ähnliche Züge tragen. Nicht umsonst wurden Mystiker auch in ihren Religionsgemeinschaften oft skeptisch beobachtet und auch abgelehnt und verfolgt.

Und dennoch bleibt die faszinierende Beobachtung, dass Menschen aus solchen »ganz anderen« Erfahrungen eine Lebenssicht und eine Ausrichtung schöpfen, die alles in ihrem Leben verändert. Aus ihnen erwächst ein völlig neuer Blick auf die Wirklichkeit des Lebens. Die Dynamik, die solche Erfahrungen entwickeln können, verändern Lebensgeschichten grundlegend und dauerhaft. Das allein verbietet es, ohne hinreichenden Grund solche Erfahrungen als Spinnereien und Geisteskrankheiten abzutun.

Es geht auch nicht darum, dass nun jeder seine mystischen Erfahrungen sucht und auf Bewusstseinserweiterung und transzendente Anschauung hinarbeitet. Ein Wesenszug mystischer Erfahrungen ist es, dass sie nicht machbar und produzierbar sind. Vielmehr sollten wir achtsam werden für die »mystischen Erfahrungen« unseres Alltags und deren mögliche Konsequenz für weitere Lebensanschauungen.

Da ist der Augenblick, wo uns klar wird, dass wir für immer zu einem Menschen stehen und dieser Mensch sich dauerhaft auf uns verlassen kann. Da ist die unmittelbare Kraft, Unverzeihliches zu verzeihen und Versöhnung zu leben, wo wir das lange nicht für möglich gehalten hätten. Da ist diese unmittelbare Klarheit für eine Wende im persönlichen Leben, für eine klare Entscheidung, die wir von keiner Zustimmung anderer mehr abhängig machen und von deren Notwendigkeit wir restlos überzeugt sind. Da ist der Punkt in unserer Lebensgeschichte, an dem wir unumstößlich die Konsequenz ziehen, etwas nicht mehr zu tun und von einer bisherigen Lebenspraxis Abstand zu nehmen.

Manche geistigen Ausrichtungen geschehen in langen Prozessen, reifen in tiefem Nachdenken und in vielfach abgewogenen Überlegungen. Dafür brauchen wir Bereitschaft und Zeit. Doch es gibt auch diese Augenblickserfahrungen, diese radikale Gegenwart, in der etwas aufbricht, klar wird und uns die Augen aufgehen. Wir können dies im Nachhinein oft nicht beschreiben, anderen auch nicht erklären. Doch es können wegweisende Erfahrungen mit nachhaltigen Folgen sein. Sie können uns für Inspirationen und Impulse, überraschende Lebenswenden und verrückte Einfälle öffnen und auf der Suche nach sinnhaften Lebenswegen in Bewegung setzen.

In die Tiefe gehen

Die Muster und Grundsätze, die uns formen und ausrichten, haben verschiedene Qualitäten. Sie sind immer wieder bedürfnisorientiert und wir tun etwas, um das Gefühl von Zufriedenheit und momentaner Beruhigung zu gewinnen. Sie können ichbezogen sein und uns auf persönlichen Vorteil und Gewinn ausrichten. Die einen nehmen alles in Kauf, um Harmonie und scheinbar friedliche Atmosphäre nicht zu gefährden und andere haben ein untrügliches Gespür für das, was bequem und möglichst wenig anstrengend ist.

Doch wie das Überschreiten des Hier und Jetzt ist uns auch die Möglichkeit des Hinterfragens gegeben. Die Fähigkeit, die Oberfläche zu durchdringen und tiefer zu bohren. Auf diesem Weg wird uns z. B. bewusst, dass ein bestimmter billiger Konsum bequem und für unsere Ausgaben von Vorteil ist, er aber auf Kosten anderer Menschen, der Umwelt oder der Gerechtigkeit geht. Genau diese Fragehorizonte verändern das Konsumverhalten von Menschen.

Vielleicht haben wir einige sehr eingespielte Formen, mit Menschen in unserer Umgebung umzugehen und sie zu beurteilen. Doch in längeren Gesprächen und durch Einzelschicksale begreifen wir, dass sich hinter einem Menschen viel mehr verbirgt, als das, was wir vordergründig wahrnehmen. Solche Erfahrungen können Anstoß sein, im Urteil vorsichtiger und respektvoller zu werden. Sie motivieren uns, einen Menschen in seiner ganz individuellen Art und Weise anzunehmen. Wir lernen zu akzeptieren, dass wir vieles von ihm nicht wissen. Dies vermag Beziehungen zu Menschen und unseren gegenseitigen Umgang sorgsamer und tiefer zu gestalten.

Der Weg zu Lebensfundamenten und tragfähigen Grundorientierungen kann nicht an der Oberfläche hängen bleiben. Das Verhältnis zu sich selbst, das Selbstbild, ist niemals restlos abgeklärt und abgeschlossen. Mit jedem Lebenstag erfahren wir uns neu, können wir uns auch besser kennenlernen. Wir gelangen zu Schichten unserer Person, die uns lange gar nicht bewusst waren. Diese Selbstbegegnung vertieft sich dann, wenn wir immer wieder »in uns« gehen und im inneren Dialog bleiben.

Jeder Mensch in unserer Umgebung, auch der nahe und vertraute, bleibt lebenslang ein Geheimnis. Abschließende Urteile, die vorgeben, sich ganz und gar zu kennen, treffen nie die ganze Wirklichkeit. Kinder zeigen in ihrer Reifung immer wieder neue Seiten und Entwicklungen. Partner bleiben wie wir einer lebenslangen Entwicklung unterworfen, die immer neue Sichtweisen eröffnen kann. Freunde und Kollegen zeigen oft nach langer Zeit Gedanken und Seiten ihrer Persönlichkeit, über die wir nur staunen können. Unsere Offenheit und unsere Überwindung vordergründiger Sichtweisen machen uns dafür empfänglich.

Und so bleibt auch unser »Weltbild«, bleiben die persönlichen »Glaubensüberzeugungen« in einer lebendigen Bewegung. Abgeschlossene und absolute Grundüberzeugungen drohen schnell zur Ideologie und zur Verbohrtheit zu werden. Wir dienen dem Leben und schenken ihm dann »nahrhafte Kost«, wenn wir bereit bleiben, tiefer zu sehen und für neue Sichtweisen und Verankerungen offen zu bleiben.

Viele junge Paare haben mir schon erzählt, wie sich ihr »Weltbild« verändert hat, als sie ein neugeborenes Kind in Armen hielten. Betroffene Menschen berichten, wie sich ihre Lebensführung und ihre Werte durch eine Begegnung, einen Schicksalsschlag oder veränderte Wahrnehmung grundlegend neu orientiert hat.

All dies kann geschehen und uns mehr und mehr zu uns selbst und zu tragfähigen Fundamenten führen. Wir brauchen uns und anderen nicht vormachen, »fertig« zu sein. Wir dürfen Suchende bleiben und den großen Fragen des Lebens Aufmerksamkeit schenken. So bleiben wir offen für tiefe Verwurzelung und Halt.

Spiritualität als Wirklichkeit

Die Auswirkung von Spiritualität und Religiosität auf das Wohlbefinden von Menschen ist mittlerweile Gegenstand vieler Studien und wissenschaftlicher Reflexionen. Neurowissenschaftler untersuchen die Gehirne betender Nonnen und meditierender Mönche in buddhistischen Klöstern. Dabei stellen sie eine auffällige Zunahme der grauen Masse fest. Spirituelle Erfahrungen werden im Gehirn lokalisiert und mit anderen Aktivitätszuständen verglichen. Es ist heute weitgehend unbestritten, dass sich spirituelles und religiöses Erleben im Gehirn wiederspiegeln.

Doch schon bei der Frage, ob die spirituelle Erfahrung vom Gehirn ausgeht oder eine spirituelle Wirklichkeit sich auch in den Strukturen des Gehirns abbildet, gehen die Deutungen auseinander. Wir begegnen ausschließlich biologischen Erklärungen und ebenso religiös-spirituellen Deutungen. Die wissenschaftliche Beschreibung des Phänomens ergibt noch keine weltanschauliche Interpretation.

Ähnlich ist es bei der Beurteilung der Auswirkung spiritueller Haltungen, von Gebet und Glaube auf Gesundheit und Genesung. Mittlerweile gibt es verschiedene Studien, die eine positive Auswirkung spiritueller Grundhaltungen auf Gesundheit und Angstbewältigung feststellen. Zugleich gibt es aber auch kritische Einwände, dass diese Zusammenhänge in veränderten Kulturkreisen deutlich verschieden sind. So ergibt sich in amerikanischen Studien ein deutlicherer Zusammenhang als in deutschen, was auch in Verbindung mit stärkeren evangelikalen Hintergründen in den USA gesehen wird. Darüber hinaus kann auch nicht verschwiegen werden, dass eine angsterfüllte, zwanghafte Spiritualität, dass autoritäre Gottesbilder und düstere Glaubensvorstellungen auch deutlich problematische Auswirkungen auf Wohlbefinden, Gesundheit und Persönlichkeit haben können.

Bei aller unterschiedlicher Bewertung wird aber klar, dass Spiritualität in ihren ganz individuellen und unterschiedlichen Ausprägungen eine Wirklichkeit ist, die nicht ohne Auswirkungen auf die Gesamtsituation eines Menschen bleibt. Dieser Zusammenhang erschließt sich auch in methodischen Verfahren moderner Wissenschaft, ohne dabei die letzten Fragen nach Gott und Lebenssinn zu beantworten. Das wäre eine Grenzüberschreitung.

Die Suche nach Lebensquellen, die uns schützen und stärken, die Sehnsucht nach einem tragenden Sinn und einer Verwurzelung des eigenen Lebens in einer Geborgenheit und Orientierung, die wir als Geschenk bejahen, bezieht sich so mit guten Gründen auch auf eine spirituelle Dimension. Weil wir es sind, die Entscheidungen treffen, weil wir immer wieder die Freiheit in unserem Leben entdecken, etwas neu zu tun oder anderes zu lassen, bedürfen wir auch immer wieder der »gründlichen« Ausrichtung unserer Entscheidungen.

Mir etwas Gutes zu tun, mag anfänglich einem momentanen Bedürfnis entspringen, doch weiter gedacht ist es Ausdruck einer nachhaltigen Wertschätzung meiner selbst. Das Ja zu mir und das Heranreifen einer echten Selbstliebe eröffnet in vielen Situationen auch eine spirituelle Dimension. Das liebevolle Ja zu sich selbst, das nicht auf Egoismus oder Narzissmus hinausläuft, speist sich auch aus der Erfahrung, um seiner selbst willen bejaht zu sein. Dieses Ja kann durch andere Menschen oder auch eine transzendente Wirklichkeit erfahren werden. Gläubige Menschen sprechen dann davon, von Gott gewollt und geliebt zu sein.

Jede*r will liebevolle Beziehungen erfahren und pflegen. Das hat von Natur aus etwas mit unserer Veranlagung, unseren biologischen und psychischen Bindungsbedürfnissen zu tun. Doch die bedingungslose Annahme eines anderen Menschen übersteigt biologische Prozesse. Der Verzicht auf eigene Vorteile zum Wohle einer vertrauten Person oder der entschiedene Einsatz für Gerechtigkeit und die Würde benachteiligter Menschen wurzeln in tieferen Ebenen. Die Frage nach Sinn und letztgültigen Werten gehört zu diesen Schichten unserer Wirklichkeit.

Der lebenslange Lernprozess, dass Fragen neu gestellt und Antworten neu gedacht werden, liegt in der Entwicklungs- und Reifungsfähigkeit des Menschen begründet. Der vertiefte Blick, dass Wichtiges gar nicht so bedeutsam und scheinbar Nebensächliches viel höhere Beachtung erfordert, erwächst aus wichtigen Erfahrungen und aus Reflexion. Die Erkenntnis, dass sich Lebensprioritäten als vorübergehend erweisen und das Bedürfnis nach Bleibendem als Verankerung des eigenen Lebens immer wieder auftaucht, hat eine eigene Qualität. Es sind Hinweise auf unsere Sehnsucht und die Offenheit unserer komplexen Person für eine Sinnantwort. Diese Antwort soll der Größe und Einzigartigkeit unserer Lebenserfahrung entsprechen und nicht an der Oberfläche bleiben.

Wenn Menschen sich auf spirituelle Erfahrungswege einlassen, dann kann das heutzutage nicht mehr auf religiöse Vereinnahmungen, lehrhafte Verordnungen und schematische Pflichtübungen hinauslaufen. Bevormundung und Einengung hemmen die spirituellen Erfahrungswege. In den großen spirituellen Traditionen unterschiedlicher Religionen und Kulturen zeigt sich, dass gereifte Spiritualität Hand in Hand mit Freiheit und Empathie, sensibler Diskretion und großer Toleranz für andere Erfahrungen einhergeht.

Wir finden ebenso viele Beispiele und Hinweise, dass Menschen tiefe Stärkungen und bedeutende Grundorientierungen erfahren, wenn sie für spirituelle Erfahrungen offen sind und sich in aller Freimütigkeit auf solche Wege einlassen.

»Ach, in meinem wilden Herzen nächtigt obdachlos die Unvergänglichkeit.« *R. M. Rilke*

Im Dialog mit Konstantin Wecker

Seit 50 Jahren ist die Bühne ein wesentlicher Bestandteil im Leben Konstantin Weckers, der 1947 geboren ist. Der Liedermacher, Poet und Komponist vermag authentisch und mit vielen Erfahrungen von Höhen und Tiefen zu erzählen. Von Erfolgen, Preisen und einer großen Fangemeinde kann er berichten, aber auch von Abgründen, tiefen Verletzungen und Krisen. Im Gespräch zeigt er eine schonungslose Offenheit, lässt einen Blick auf Höhen und Tiefen in seiner Biografie zu. Da wir beide gut wissen, was es heißt durch tiefe Täler zu gehen, kommt unser Austausch auch immer wieder auf die Frage zurück, was in der Niederlage erfahren wird und was uns hilft, wieder aufzustehen, wieder Kraft zu schöpfen.

Welche Gefühlserfahrungen bestimmen uns, wenn wir Niederlagen erleiden, am Boden liegen? Konstantin Wecker erinnert sich an die Arbeit an seinem Buch »Die Kunst des Scheiterns« (München 2007). »Ich dachte über die Niederlagen in meinem Leben nach und daraus ist ein ganzes Buch geworden«, meint er nicht ohne Selbstironie. Wichtig war für ihn die Einsicht, nicht anderen die Schuld für Niederlagen und Krisen zuzuweisen, sondern in aller Ehrlichkeit die eigene Verantwortung zu akzeptieren. Natürlich beeinflussen äußere Bedingungen das menschliche Leben. Aber in unserem Bewusstsein kommt dann ein aktiver Prozess in Gang, wenn wir unsere eigenen Anteile nicht verdrängen, sondern offen in den Blick nehmen.

Als Schlüsselerfahrung bezeichnet der Künstler eine Lebensphase, in der er in eine schwere Depression geriet. »Darin fühlte ich mich erstmals in keiner Weise mehr angebunden. In allen Krisen zuvor war ich immer noch angebunden, sei es das Göttliche oder

Weltgeist oder das Selbst genannt. Aber in diesem Monat der Depression war ich nicht mehr angebunden.« Er kreist gedanklich um diesen Begriff und findet keine treffendere Bezeichnung für die tiefen Krisenerfahrung, die ihn in dieser Lebensphase erschüttert hat. Dieser Verlust setzt nach seiner Erfahrung aber auch voraus, dass man zuvor nicht ganz verlassen war und diese Anbindung erlebt hat.

Rückblickend auf seinen Weg hat Konstantin Wecker kein Problem mehr, diese Anbindung auch als »das Göttliche« zu bezeichnen, nachdem er für sich das Wort Gott aus Fesseln einer früheren – auch katholischen – Prägung befreit hat. Wir stimmen darin überein, dass es schwierig ist, sich über diese Anbindung auszutauschen. Jeder Mensch lebt in seinen eigenen Interpretationen. Er betrachtet es als großes Glück, dass sich ihm auch die Musik als Ausdrucksform eröffnet hat und damit eine spirituelle Dimension gewinnen konnte. Sie habe ihm auch schon in jungen Jahren »heilige Momente« beschert, in denen er sich ganz und gar im Jetzt erfahren konnte. »Plötzlich wird alles andere unbedeutend, es denkt dich nicht mehr und du denkst auch nicht, das Alltägliche fällt weg und das hat mich wohl zu dem Text hingeführt, in dem ich geschrieben habe: Jeder Augenblick ist ewig. Ich bin mir ganz sicher, dass es so viel mehr gibt, als die Ratio uns erklären kann.«

Große Faszination geht für Wecker von der Mystik aus, von dieser unverfügbaren und nicht produzierbaren Erfahrung heiliger Momente. Die Texte Meister Eckharts sind ihm zu einer reichen Inspirationsquelle geworden. Mystiker waren aus seiner Sicht immer zugleich auch Widerständler und niemals gehorsam. Doch trugen die Faszination nationalsozialistischer Aufmärsche und eines Führerkultes nicht auch mystische Züge? Die Antwort darauf fand er bei der evangelischen Theologin Dorothee Sölle, die klarstellte: Richtige Mystik kennt keine Ausgrenzung. Mystik schließt niemanden aus, das unterscheidet sie von der Scheinmystik. Dieser Grundzug muss auch eine glaubwürdige Spiritualität bei aller Vielfalt prägen.

Mit einem Künstler, der so viele ausdrucksstarke Liebeslieder geschrieben hat, kommt das Gespräch auch unweigerlich auf die Liebe zu sprechen. Sie ist eine der tiefen Antriebskräfte und Kraftquellen des Lebens. Sie vermag uns in so vielen Lebenssituationen Halt zu geben. Aus dem Blickwinkel des Älterwerdens nimmt Konstantin Wecker eine differenzierte Sicht ein. »Schon die Griechen haben mit gutem Grund zwischen Eros und Agape unterschieden«, meint er. Lachend ergänzt er – wohl auch aus seiner Erfahrung als Vater zweier Söhne – dass ja ein jugendlicher Hormonschwall auch in einer bestimmten Lebensphase als Liebe verstanden wird. Die Erfahrung, relativ spät Vater zu werden, hat ihm aber auch ganz neue Dimensionen der Liebe eröffnet. Und in Poesie und Musik sind ebenfalls eigene Zugänge möglich. Und sie können uns in spirituelle Höhen führen.

Plötzlich landet unser Austausch über die Poesie bei Rainer Maria Rilke, zu dem Konstantin Wecker einen ganz besonderen Bezug hat. »Niemand in der deutschen Sprache konnte das tiefe Ahnen, das wir ins uns haben, besser in Worte fassen als Rilke. Selbst in meiner atheistischen Zeit hatte ich niemals ein Problem mit dem Gott, von dem Rilke schrieb.« Und da zitiert Konstantin Wecker aus dem Gedächtnis Verse, die für ihn in letzter Zeit besonders bedeutsam geworden sind:

Berge ruhn, von Sternen überprächtigt;
aber auch in ihnen flimmert Zeit.
Ach, in meinem wilden Herzen nächtigt
obdachlos die Unvergänglichkeit.

Lachend fügt er hinzu: »Genau diese zwei letzten Zeilen hätte ich für mein Leben gerne geschrieben. Aber es hat halt der Rilke schon getan.«

Konstantin Wecker hat auch erfahren, was es heißt, am Boden zu liegen, erschütternde Abstürze zu erleiden. Und dennoch ist er gestärkt auf die Bühne zurückgekehrt, kann er anderen wieder Mut machen. Die Bühne ist heute für ihn ein wichtiger Kraftort. Dort kann er seinem Selbst begegnen und sein Selbst zeigen und anderen Mut machen.

Auf die Frage, was es denn war, was ihn dazu wieder gestärkt hat, gibt er eine verblüffend einfache Antwort: »Glück, ich habe einfach Glück gehabt«. Konkret spricht er das Glück an, am Tiefpunkt seiner Drogenabhängigkeit verhaftet worden zu sein. Dies hat ihm möglicherweise das Leben gerettet. Zugleich legt er bei diesem Thema darauf Wert, dass er es für völlig falsch hält, süchtige Menschen zu kriminalisieren und damit ihre Lage in der Regel noch zu verschlimmern, weil sie nicht wie er in einem Netzwerk helfender Menschen leben.

Nicht auf eigene Kräfte oder gar Leistungen führt er den Weg aus Krisen heraus zurück. Doch möglicherweise war die Bereitschaft wichtig, aus den Niederlagen und der Chance des Aufstehens sich selbst wieder neu kennenzulernen und die Verantwortung für sich selbst zu übernehmen. Das Geschenk, in einer Umgebung ohne Krieg und ohne Überlebenskampf aufgewachsen zu sein, hat diese Bereitschaft sicher mehr gestärkt, als es unter widrigeren Lebensumständen möglich ist.

Letztlich steht immer wieder die Frage im Raum, wovon wir unser Denken prägen lassen, wie ernsthaft wir die Welt des Wettbewerbs, der Gier und des Gewinns hinterfragen. In ihr können wir so vieles und vor allem auch uns selbst verlieren. Konstantin Wecker setzt auf ein neues Denken. Er plädiert für ein radikales Hinterfragen all der Denkwege, die unsere Welt in so viele Probleme geführt haben. »Die blutige Revolution ist kein Weg, wir brauchen die Revolution im Denken.« Ich komme auf den Umkehrruf Jesu aus dem Markusevangelium und seine Forderung eines herrschaftsfreien Lebens zu sprechen. Wecker sieht in dem Mann aus Nazareth den »wahren Anarcho«, der ein neues, zukunftsfähiges Denken ganz wesentlich inspirieren kann.

Mir sitzt ein Künstler gegenüber, der auch mit über siebzig Jahren beseelt und engagiert für ein besseres Leben singt, dichtet und kämpft. Es scheinen mir tiefe Quellen zu sein, die dies immer wieder bestärken.

Wir finden im Buchhandel viele hilfreiche Impulsgeber aus spirituellen Quellen:

Geistliche Tagebücher, Aphorismen aus den Weltreligionen, kurze biblische Impulse für jeden Tag, geistvolle Tageskalender, u.a.m.

Es kann unseren Alltag bereichern, wenn so ein Impulsgeber bereit liegt: Auf dem Nachttisch oder am Schreibtisch, in der Leseecke des Wohnzimmers, an einem ruhigen Ort ...

Je nach persönlicher Neigung kann der Tag mit so einer Inspiration beginnen oder abschließen, genauso können wir in einer Pause des Tages uns für einen Gedanken öffnen, ihn kurz bedenken und daraus vielleicht einen wichtigen Impuls für unseren inneren Kompass erhalten.

Ein wiederkehrendes Bild

Eine »Vertiefungsstelle« im Alltag kann auch ein Bild, ein Symbol sein, das wir immer wieder neu vor Augen haben und das uns wieder zur Ruhe und Besinnung kommen lässt. Sehr hilfreich kann hier beispielsweise das Labyrinth, wie hier die schematische Darstellung des Labyrinths der Kathedrale von Chartres sein. Labyrinthe (nicht Irrgärten!) als Sinnbilder der Wegsuche und der Sehnsucht nach Mitte haben in den Religionen eine große Tradition und finden sich in vielen Meditationszentren als Bilder aber auch als Gartenanlagen zum Begehen.

Auch das Symbol einer Baumscheibe mit ihren Jahresringen als Symbol für Wachsen und Reifen aus einer Mitte heraus, kann Menschen immer wieder für eine Reflexion ihres Lebens öffnen und zu einer Lebensbetrachtung führen.

© Frank Fiedler / Shutterstock.com

»Stoßgebete«

Für Menschen, denen eine gläubige Ausrichtung naheliegt, ist ein kleiner Schatz an »Stoßgebeten« oft hilfreich. Sie können jederzeit und überall gesprochen werden, sind kurz und verständlich. Z. B.:

Von guten Mächten wunderbar geborgen
erwarten wir getrost, was kommen mag.
Gott ist bei uns am Abend und am Morgen,
und ganz gewiss an jedem neuen Tag.
DIETRICH BONHOEFFER

Herr, du kennst meinen Weg,
den Weg, der hinter mir liegt, und den, der vor mir liegt.
Du begleitest mich in jedem Augenblick.
Du bist immer für mich da.
CHARLES DE FOUCAULD

Herr Jesus Christus,
erbarme dich meiner.
HERZENSGEBET DER OSTKIRCHE

Der Herr ist mein Hirt,
nichts wird mir fehlen.
Er lässt mich lagern auf grünen Auen.
Auch wenn ich gehe im finsteren Tal,
ich fürchte kein Unheil;
denn du bist bei mir.
AUS PSALM 23, REVIDIERTE EINHEITSÜBERSETZUNG

Nichts beunruhige dich,
nichts ängstige dich,
Wer Gott hat,
dem fehlt nichts.

TERESA VON ÁVILA

Die Natur lädt uns immer wieder ein innezuhalten, aufmerksam zu werden, tiefer hinzuhören. Ganz gezielte, bewusste und verlangsamte Handlungen können unsere Gedanken tiefer führen, die Fragen nach Sinn und Halt inspirieren.

- An einem Bach oder Brunnen kann ich mehrmals Wasser mit meinen Händen schöpfen und langsam zurückfließen lassen. Ich spüre das Element, vollziehe den Vorgang ganz bewusst und überlege: Woraus schöpfe ich? Was sind meine Quellen? Wie bewusst gehe ich zu solchen Quellen?
- Im Wald ist es aufschlussreich, nach einigen Wurzeln zu suchen, manche an der Oberfläche, manche zum Stolpern, andere an umgefallenen Bäumen. Ich berühre sie, verfolge ihren Verlauf. Vielleicht nehme ich eine mit nach Hause. Wo bin ich verwurzelt? Was ist Nährboden für meine Wurzeln? Befürchte ich manchmal, den Halt zu verlieren?
- Ich kann Erdreich, Gartenerde oder Sand in meine Hand füllen und zwischen den Fingern hindurchrieseln lassen. Ich spüre die Herkunft des Lebens aus der Erde und die Vergänglichkeit und Flüchtigkeit.
- An einem stillen Ort im Garten oder in natürlicher Umgebung beobachte ich blühende Pflanzen, Blumenwiesen etc. Ich bleibe eine Weile dort, sehe die Insekten, höre das Summen, betrachte einige Blüten ganz bewusst, fotografiere sie vielleicht. Ich freue mich an der Vielfalt auf wenigen Quadratmetern Natur. Was blüht bei mir? Wie vielfältig lasse ich mein Leben erblühen? Wie aufmerksam bin ich für viele schöne Kleinigkeiten?
- An Flussufern, in den Bergen, auf Wegen finden sich viele besondere Steine. Ich betaste den Stein, spüre seine Beschaffenheit, sein Gewicht. Was ist mir in meinem Leben Last? Und was sind mir »Grundsteine« im Leben? Der Stein kann zu Hause mich immer wieder »ansprechen«.

Zum Weiterlesen

Bruners, Wilhelm: Gottes hauchdünnes Schweigen. Auf seine Stimme hören, Würzburg 2019

Marti, Lorenz: Türen auf. Spiritualität für freie Geister, Freiburg. i.Br. 2019

Mertes, Klaus: Wie aus Hülsen Worte werden. Glaube neu buchstabieren, Ostfildern 2018

Sedivý, Jan: Alles Große beginnt klein. Mosaiksteine einer Spiritualität im Alltag, München 2016

Danke

Den Abschluss soll ein herzlicher Dank bilden:

Danke all den Menschen, die mir in vielen Begegnungen und Gesprächen Teilhabe an ihren Erfahrungen gewährten. Sie inspirierten mich mannigfach zu den Inhalten des Buches. Danke auch all denen, die durch Rückmeldungen bei Vorträgen wichtige Akzente setzten. Und besonders denen, die sich mit ihren Krisen und Erschütterungen mir anvertrauten.

Danke meinen Dialogpartnern, die mit so viel Offenheit und Kooperationsbereitschaft den Inhalten des Buches wichtige qualitative Impulse gaben:

- Prof. Dr. Maximilian Moser von der Universität Graz
- Prof. Dr. Bruno Müller-Oerlinghausen aus Berlin
- PD Dr. Katharina Schmid aus Straubing
- Dr. Michael Tischinger von der Adula-Klinik Oberstdorf
- Konstantin Wecker, dem wunderbaren Musiker und Poeten.

Danke für die Unterstützung im Patmos-Verlag, namentlich Claudia Lueg bei der Konzipierung des Buches und Anja Hager sowie Burkhard Menke bei der Realisierung.

Danke den Menschen in meinem ganz persönlichen Umfeld für Geduld und Austausch, für Verständnis und Kritik. Danke der Familie Pipieri für die Freitagabende in ihrem Lokal, einer »heiligen Zeit« für mich. Und ein großes »Danke« an Sigrid.

Sie alle haben großen Anteil an diesem Buch.

» … es muss ja zuerst durch uns hindurch, bevor es sich formulieren lässt.«

Silja Walter

Quellenangaben

S. 9 »Die Stunde mit dir selbst« aus: Kunze. Reiner, Die Stunde mit dir selbst, Frankfurt 2018

S. 21 »Wort an Wort« aus: Rose Ausländer, Gedichte, hg. von H. Braun, Frankfurt 2001

S. 67 »Wussten sie schon ...«, aus: Wilhelm Willms, der geerdete Himmel, Wiederbelebungsversuche, Kevelaer 1976

S.165 Zitat Rilke aus: »Wunderliches Wort« in: Rilke, Rainer Maria, Die Gedichte, Frankfurt 1986

S. 171 Psalm 23, aus: Revidierte Einheitsübersetzung © Katholisches Bibelwerk Stuttgart